EDITORIAL

Keine Stadt in ganz Deutschland hat sich so auf ein Image festgelegt. Rheinische Fröhlichkeit feiert sich das ganze Jahr. Comedy, Karneval und katholische Prozessionen machen die Klischees nahezu amtlich. Der Kölner, so scheint es, existiert nur als Selbstzitat.

Die Wirklichkeit spielt mit diesen Vorurteilen. Noch immer liegen sich beim Feiern die Menschen schneller in den Armen als anderswo, doch der neue Karneval braust im Sommer, am schwulen Christopher Street Day. Die Stadt ist jung, offen, ironisch. MERIAN folgt den Spuren dieser Wandlung, in die boomende Medienszene, die Labors der Bioforschung, an den Rhein, nicht länger trüb und grau, sondern Sommerfrische zwischen grünen Ufern. Wir haben Künstler an der Schwelle zum Ruhm besucht, haben zugeschaut, wie sonst Sammler die Museen von morgen zusammenstellen. Die Kunstmetropole, wo sich Galerien häufen wie nur in New York, erwacht zu neuem Leben.

Wahre Urbanität setzt ihre eigenen Maßstäbe. Stadt ist Köln seit fast 2000 Jahren, länger als andere eitle Metropolen. Die Hauptstraße des Viertels Eigelstein entstand in der Antike, heute leben hier Türken, Koreaner und andere Kölner. Überragt von zwei hohen Kirchtürmen. In einem Dorf, klein wie die Welt.

Ihr

Andreas Weber, Redakteur der Köln-Ausgabe

Mit MERIAN gewinnen!

In Kooperation mit Grandhotel **Schloss Bensberg**, **Hopper Hotel** und **Mediterana** verlost MERIAN ein Wochenende für zwei Personen im Grandhotel **Schloss Bensberg** sowie ein Wochenende im Hopper Hotel et cetera. Zu beiden Gewinnen gibt es einen Gutschein für zwei Personen für einen Wellnesstag im **Bad Mediterana**. Preisfragen unter: **www.merian.de**

Falls Sie mehr erfahren oder Köln selbst entdecken möchten:
Rufen Sie uns an oder schicken Sie uns eine E-Mail. Wir freuen uns auf Sie.

Köln Tourismus *Cologne Tourist Office*
T +49 (0) 2 21.22 13 04 00 · F +49 (0) 2 21.22 12 33 20
koelntourismus@stadt-koeln.de · www.koelntourismus.de

Köln

INHALT

22 Stadt am Strom. Bei Kilometer 688 rauscht der Rhein an 2000 Jahre

66 Der Künstler Johannes Wohnseifer mit Freundin Simone Singh im Bildspeicher seiner Kinoplakate

84 Brooklyn hinterm Hauptbahnhof: Im Eigelstein war Köln schon immer Weltstadt

Geschichte vorüber

44 Moderator Mola strahlt vom VIVA-Olymp. Neun Sender locken Glamour-Nachwuchs in die Medienstadt

56 Verzauberte Ufer: Der Rhein war verquaster Mythos und duldsame Kloake, jetzt ist er Naherholung für alle

VOLKSFREUDEN

RUBRIKEN

Titel: Jörn Sackermann fotografierte den Dom mit dem Zelttheater „Musical Dome" und der früheren Direktion der Deutschen Bahn im Vordergrund

MERIAN-SERVICE-MAGAZIN

Texte: Gerald Penzl

Es war noch nie so aufregend, durch nichts aus der Ruhe gebracht zu werden.
Genießen Sie seine kraftvolle Erscheinung und sein elegantes
in die Komfortsitze drückt. | Erleben Sie die unerreichte Laufruhe
und elegant über jede Bodenwelle. | Beenden Sie die Probefahrt
Der neue BMW 7er
www.bmw.de
0180 2000 220
(6 Ct./Anruf)
B M W
Freude am Fahren

nterieur. | Drücken Sie den Startknopf. | Spüren Sie, wie Sie sein spontanes Ansprechverhalten beim Beschleunigen sanft
es leistungsstärksten Valvetronic-Achtzylinders der Welt. | Gleiten Sie dank aktivem Aluminiumfahrwerk sicher
it dem Wissen, das Höchstmaß an Fahrfreude erlebt zu haben. | **Der BMW 7er. Ein neues Auto. Ein neues Fahren.**
JUNG v. MATT/Alster

Autor Eckert

Fotograf Ogando

Fotografen Schmitz und Hartmann

Fotografin Lubenow

Mit dem lustigen Volk der Medienszene musste Autor **Guido Eckert** trinken gehen. Dabei stieß ihm als Echtkölner auf, dass die Globalisierung auch vor dem Rheinland nicht Halt macht. In den Kölner Bars fließt nicht mehr bloß Kölsch, sondern auch die Konkurrenz aus Düsseldorf: Altbier. „Traurig", meint Eckert (Seite 44, Seite 56).

„Für das Porträt meiner Stadt habe ich neu sehen gelernt", sagt Fotograf **Ogando**, der im Kölner Stadtteil Nippes lebt. Um seinen Blick zu klären, begann Ogando viele Arbeitstage im Halbdunkel des Doms und ließ sich auch von den närrischen Wesen der Dombauhütte inspirieren. Bei einer dieser Gelegenheiten schloss er Freundschaft mit dem Gipsmodell eines Wasserspeiers (Seite 22).

Autor **Wolfgang Michal** wünschte sich für seine Reise ins Innere des Glaubens christliches Lebensgefühl und bezog eine Zelle im Dominikanerkloster. Doch so richtig tiefkatholische Schwere mochte nicht aufkommen: Im Ikea-hellen Gästezimmer erinnerte nur ein Holzkreuz an den geweihten Ort (Seite 100).

Fotograf **Stephan Schmitz** pflegt mit seiner Team-Kollegin **Petra Hartmann** die selten gewordene Kunst des liebevoll arrangierten Gruppenbildes. Die beiden setzen Vereine und andere Trupps wie zu seligen Großbild- und Magnesiumblitz-Zeiten in Szene. Nach den Porträts kleiner Karnevalsverbände (Seite 110) nahm das Duo Feuerwehren und die Belegschaft einer Spezialfirma für Brandbekämpfungszubehör auf.

Andrea Stappert, Berliner Fotografin mit einem Faible für die Akteure der internationalen Kunstszene, bewegte sich bei ihren Aufnahmen Kölner Künstler auf delikatem Terrain: Sie musste Menschen ablichten, die sonst stets die Herrschaft über ihre Bilder haben. **Thorsten Koch**, der zu den Nachwuchsstars auch Texte schrieb, zog im Hintergrund die Fäden, vermittelte Kontakte, besänftigte. Ohne seine enzyklopädischen Kenntnisse wäre das Panorama Kölner Kunst in diesem Heft nicht so facettenreich ausgefallen (ab Seite 66).

Fotografin **Sabine Lubenow** aß und trank bei ihrer Fotosafari in die grüne Wildnis der Rheinufer (Seite 56) an türkischen und italienischen Grillfeuern, wurde aber auch mit Kölsch, Grillwürsten und deutschem Thermoskannenkaffee bewirtet. Das Völkergemisch kennt Sabine Lubenow aus dem heimischen Viertel. Seit sieben Jahren lebt sie im Eigelstein, den sie für dieses Heft porträtierte. Autorin **Lena Kugler** ließ sich dort bei ihrer Recherche im Rotlichtmilieu von Freunden aus der Uni beschützen (Seite 84).

Wir lösen viele Probleme, nicht nur Kopfschmerzen.
BAYER
Wenn es um Innovation und Fortschritt geht, können die Bayer-Mitarbeiter auf eine langjährige Tradition zurückblicken. Man kennt uns als den Erfinder des vielleicht berühmtesten Schmerzmittels der Welt. Aber Bayer hat mehr zu bieten. Heute begegnet man Bayer in allen Lebensbereichen, auch wenn das nicht immer auf den ersten Blick erkennbar ist. Vom intelligenten Pflanzenschutz über innovative Kunststoffe bis hin zu neuartigen Therapien, mit denen wir Krankheiten bekämpfen und den Patienten sicher helfen. Wir bei Bayer orientieren uns stets am Wohl unserer Kunden. Denn wir sind entschlossen, unsere Tradition des Fortschritts und der Innovation konsequent fortzusetzen. Wenn Sie wissen möchten, wie Bayer heute das Morgen gestaltet, schreiben Sie uns: Bayer AG, Unternehmenskommunikation (CI), 51368 Leverkusen, Fax 0214 - 3 02 41 57. Oder besuchen Sie uns im Internet: www.bayer.com
Bayer
KOMPETENZ UND VERANTWORTUNG

Ferdinand Franz Wallraf gab die Bilder, Johann Heinrich Richartz das erste Haus. Hier das nun vierte: Mittelalter-Abteilung (1), Stiftersaal (2), Nordwestansicht (3)

Wallraf-Richartz-Museum

Kunst im Quadrat

Ende eines Vagabunden-Daseins: Seit seiner Eröffnung 1861 fand das Wallraf-Richartz-Museum keine dauerhafte Bleibe. Die nunmehr vierte Adresse aber soll die letzte sein. Man sieht es gleich: Standhafter als der quaderförmige Neubau des bekennenden Würfelfans O. M. Ungers kann ein Gebäude nicht wirken. Die Bestände verteilen sich auf drei Etagen, im Untergeschoss ist Raum für Sonderausstellungen. Wer von unten nach oben dem Weg durch die Säle folgt, dem erzählt sich die Geschichte der Kunst vom Mittelalter bis zum 19. Jahrhundert beinahe von selbst. Schwerpunkte der bedeutenden Sammlung sind Altkölner Malerei sowie niederländische und altdeutsche Tafelbilder.

Wallraf-Richartz-Museum, (E 6), Martinstraße 39, Di 10-20, Mi-Fr 10-18, Sa u. So 11-18 Uhr. Eintritt: 5,10 €

Imhoff-Stollwerck-Museum

Kakao im Brunnen

Im Werbefernsehen der siebziger Jahre trat ein schokoselig lächelnder Herr auf und empfahl mit melodiösem Zungenschlag: „Die Alpia, die müssen Sie einfach probieren – köstlich“. Der Chef warb selbst für seine Firma. Heute ist Pralinenkönig Dr. h. c. mult. Hans Imhoff der letzte rheinische Kapitalist, ein Wirtschaftswunderkind aus Konfekt und Kakao. Imhoff rettete 1972 den angeschlagenen Stollwerck-Konzern, kaufte Marken wie Sprengel, Sarotti und Gubor hinzu. 1993 krönte er sein Reich mit dem weltweit ersten Schokoladenmuseum: 4000 Quadratmeter Ausstellungsfläche im alten Zollamt und einem modernen Anbau auf der Rheinauinsel, gefüllt mit Exponaten aus drei Jahrtausenden Kakao-Kulturgeschichte, einer „Schokoschule“ für Kinder und einer Miniaturfabrik, deren Produkte cremig aus einem Schokobrunnen fließen. Jährlich naschen Besucher hier drei Tonnen Süßes (▶s. Magazin S. 131).

Goldene Kakaobohnen krönen die Schokoladenquelle

1952 Jahre Stadtrecht. **20 Prozent** Ausländer. **10 Prozent** Homosexuelle. **1268** Priester im Erzbistum. **235** Politessen. **414 405** zugelassene PKW. **27 000** Parkplätze in der Innenstadt. **7 Kilometer** Rosenmontagszug. **33** Kölsch-Marken

DER VOLVO
CROSS
COUNTRY

ON-OFF-ON-OFF-ON-OFF-ROAD.

WO ES LANGGEHT, BESTIMMEN SIE. DER VOLVO CROSS COUNTRY IST AUF JEDEM UNTERGRUND ZU HAUSE. WEIL ER DIE V ELSEITIGKEIT EINES KOMBIS MIT DEN MÖGLICHKEITEN EINES OFFROAD-FAHRZEUGS VERBINDET. MIT PERMANENTEM

Comedy-Schule

Witz komm raus!

Zur Nachzucht von Dünnsinn-Lieferanten finanzieren seit 1999 Big-Brother-Produzent Endemol und der Sender *RTL* die erste deutsche Comedy-Schule in Köln. Englischsprachige Instrukteure sollen die Neulinge mit echtem Humor bekannt machen. Kurse sind kostenlos, die TV-Firmen übernehmen als Rendite die besten Talente der jährlich 400 bis 600 Bewerber. Diese sollten zumindest eine Rolle beherrschen. (▶ s. S. 44).

Vor dem Lachen das Leiden: Spaßgestik muss hart erarbeitet werden

Rheinische Spaß-Kultur

Im Dutzend lustiger

Der Kölner ist derartig gesellig, dass er einzeln gar nicht vorkommt. Im Aggregatzustand des Solitärs trifft man ihn nicht an – immer ist er im Pulk unterwegs und strebt Lokalen zu, in denen er noch mehr von sich vorfindet. Wenn der Kölner notgedrungen doch einmal allein sein muss und mit nichts als sich selbst vor dem Spiegel steht, steht er quasi vor dem Nichts.

Vielleicht ist es das, was den Kölner so tolerant macht. Er weiß selbst um sein erschütterndes Bedürfnis, in Mittelmaß und Mainstream zu verschwinden, sich aufzulösen in der Menge als entkernter, ichbefreiter Teil der Woge.

Dabei ist der kölsche Gemeinsinn, sieht man von boulevardhaften Vertretern wie Domian und Wolfgang Niedecken einmal ab, selten so aufdringlich und aggressiv wie zum Beispiel der bayerische.

Wer aber dauernd gesellig ist, wird unkonzentriert und benötigt Zerstreuung von der ständigen Unterhaltung. Dafür hat sich der Kölner die Comedy ins Haus und an den Hals geschafft: zum Abschalten.

Comedy ist das Zeug für Leute, die vom Karneval intellektuell überfordert sind. Verglichen mit jedem trüben, unterhosigen Witzversuch von Ingo Appelt oder Stefan Raab ist das kölsche „Alaaf!" eine Äußerung von geradezu adornitischer Hellsichtigkeit.

Wiglaf Droste

Sprachakademie

Kölsch von der Sparkasse

Als authentischer Dialekt zwischen Sürth und Worringen schwindet es dahin. Im Showgeschäft ist Kölsch dagegen in. Selbst der Schwabe Harald Schmidt baut Dialekt-Bonmots in sein Programm. Zur Pflege des Herzens auf der Zunge gründete die SK Stiftung Kultur der Stadtsparkasse Köln bereits 1983 die „Akademie för uns kölsche Sproch". Deren Bibliothek mit 7000 Werken dient Regionalhistorikern und Germanisten als Fundus, eine eigene Buchreihe archiviert Grammatik und Orthografie der „oral culture". Auf dem Publikumsprogramm der Akademie stehen putzige Kaffeefahrten wie „Tourche en Kölle un drömeröm", aber auch sprachwissenschaftliche Studien. Akademie för uns kölsche Sproch, Im Mediapark 6, 50670 Köln, Tel. (0221) 226 57 91. Mehr unter www.merian.de

3 Millionen Hektoliter Kölsch werden jährlich gebraut. **2,9 Millionen** Übernachtungen im Jahr 2000. **1,3** Stunden Sonnenschein pro Tag im Januar, **8,5** im Juli. **48** Prozent Single-Haushalte. **60 000** Studenten an Deutschlands größter Universität

„Brandheiße Reiseangebote gibt's bei T-Online Travel. Ob Pauschalurlaub oder selbst organisiert: einfach in Ruhe zu Hause auswählen ..."
T-Online Travel
T-Online Travel bietet die komplette Reisevielfalt auf einen Klick! Von der Pauschalreise oder attraktiven Last-Minute-Angeboten bis hin zu Flügen, Hotels und Mietwagen: einfach online vergleichen, nach Belieben kombinieren und direkt buchen. Bequem von zu Hause aus – rund um die Uhr. Natürlich erfahren Sie bei T-Online Travel auch alles Wissenswerte über Ihr Urlaubsziel, das Wetter dort und, und, und. Reisen Sie nicht auf gut Glück, sondern mit T-Online Travel.
Deutschland geht T-Online.
Gehen Sie mit.
Infos: www.travel.t-online.de
„... und sofort buchen!"
T··Online···

Elektromusik

Großstadtmelodie

Köln ist Klang, ein oszillierender Schaltkreis urbaner Energie. 1951 eröffnete der *WDR* sein Studio für Elektronische Musik, in dem auch Karlheinz Stockhausen an Kompositionen tüftelte. In Köln revolutionierten „Can" den Sound der siebziger Jahre. Heute mischen hier zum Beispiel „Mouse on Mars" Alltagstöne zu neuer Musik. Erhältlich in vier guten Läden im Belgischen Viertel (s. Magazin): *A-Musik* (alles von „Mouse on Mars" bis Stockhausen), *Formic* (Labels wie Electrocord und Forte, Anlaufstelle für US-Importe), *Kompakt* (Schöpfer der legendären Partyreihe „Total Confusion" im Studio 672), *Groove Attack* (HipHop, Drum'n'Bass, Jazz und Black Music).

Jugend forscht im Reich der Geräusche: Andi Toma und Jan Werner von „Mouse on Mars"

PopKomm und Ringfest

Lauter als die Love Parade

Was sind schon Anuga, Photokina, domotechnica: Mit der schlichten Prosa einer Produktschau hat das weltweit größte Musikbranchentreffen wenig zu tun. Die PopKomm ist ein gigantisches Happening, auf dem sich die Musikindustrie selbst feiert. Während in den Messehallen rund 17000 Fachbesucher drei Tage lang Trends diskutieren und in den Hinterzimmern der Hotels neue Plattenverträge besiegelt werden, startet in 50 Clubs und Konzerthallen das PopKomm-Festival. Die Bands kämpfen um Sauerstoff und Aufmerksamkeit, Besucher um Stehplatz und Kölsch. Zum Massenspektakel wird die PopKomm durch das Musikfest am Ring. Zehn Open-Air-Bühnen locken mehr als zwei Millionen Menschen. Dann zeigen die Kölner, dass sie sogar zu den „No Angels" prächtig schunkeln können.

Das Ringfest am Neumarkt macht die Stadt jährlich im August zur Bühne

Wolfgang Niedecken

Südstadtdylan

Bierselige Touristen suchen heute am Chlodwigplatz nach den Spuren eines langhaarigen Barden im Flanellhemd. Das ist verdammt lang her. Doch „BAP"-Motor Niedecken blieb sich trotz HipHop und Elektromusik treu, feuert den Eff-Ze an und engagiert sich politisch in der Initiative „Arsch Huh". Gerade drehte Wim Wenders den Film „Viel passiert" über die erfolgreichste Band der Bundesrepublik.
Mehr unter www.merian.de

860 Kubikmeter Karnevalsmüll im Jahr 2001. **459 Millionen Euro** katholische Kirchensteuereinnahmen 2001. Produktion von **30 Prozent** der deutschen TV-Programme. **3 Mal** 1.FC Köln Deutscher Meister. **3 Mol** vun Hätze Kölle Alaaf

www.volkswagen.de

AUTO-DESIGN. EINE ANLEITUNG IN 7 SCHRITTEN.

1. EIN AUTO IST MEHR ALS EIN TRANSPORTMITTEL.
EIN AUTO IST EIN LEBENSRAUM. SORGE DAFÜR,
DASS MENSCHEN DIESEN RAUM GERN BETRETEN.

2. DENK ERST ÜBER QUALITÄT NACH, BEVOR DU ÜBER DESIGN NACHDENKST.
EINE GUT SCHLIESSENDE TÜR IST BESSER ALS EINE TÜR, DIE AUSSIEHT,
ALS WÜRDE SIE GUT SCHLIESSEN.

3. DESIGN KANN MAN NICHT NUR SEHEN, SONDERN HÖREN UND FÜHLEN.
EIN SCHÖNES GERÄUSCH KANN DESIGN SEIN.
SCHÖNES MATERIAL KANN DESIGN SEIN.

4. SEI MODERN, ABER NICHT MODISCH.
MENSCHEN FAHREN AUTOS SEHR LANGE.
SORGE DAFÜR, DASS DEIN AUTO SEHR LANGE GUT AUSSIEHT.

5. WIDME JEDEM DETAIL LIEBE UND AUFMERKSAMKEIT.

6. SEI UNVERWECHSELBAR.

7. LASS IRGENDWO PLATZ
FÜR EINEN KLEINEN PASSAT-SCHRIFTZUG.

Der Passat

Von den Franzosen zur Steuereintreibung nummeriert, im Zweiten Weltkrieg zerstört, als Souvenirladen wieder aufgebaut: das 4711-Haus an der Glockengasse

Himmel auf Erden

Deutschlands viertgrößte Metropole ist ein katholisches Idyll mit Starallüren. Geprägt von liberalen Bürgern, **Mutterwitz, Offenheit** und etwas **Größenwahn.** Der Kölner Fotograf Ogando porträtierte den Heimatverein mit Weltanspruch

1880, als Köln preußische Provinz war, wurde der Dom vollendet. Die Hohenzollernbrücke folgte 31 Jahre später. Wie ihre Vorgängerin ist sie auf die Längsachse des gotischen Nationalsymbols ausgerichtet

Auf Platte unter dem Dom. Am Roncalliplatz beim Südportal begegnen sich Gott und die Welt: Pendler, Penner, Rasende und Reisende

Im Baurausch der achtziger Jahre entstand der zugige Platz vorm Dom. Er soll bald umgestaltet werden

Wie viele Altstadtbauten um die romanische Kirche Groß St. Martin entstand auch das Brauhaus Sünner im Walfisch nach dem Krieg neu

Die kleinen Kölsch sind schnell getrunken, wer nicht Stopp sagt, hat bald wieder eins – viel zu tun für den Bierkellner

Die Althippies trinken am Chlodwigplatz, die Studenten im Kwartier Lateng, die Schicken im Belgischen Viertel und die Touristen in der Altstadt, wie hier im Rheingarten beim Fischmarkt

Durst macht demokratisch. In den Kölner Brauhäusern mischen sich Alt und Jung, Schön und Hässlich. Vor dem Bierkellner, dem Köbes, sind alle gleich

Wohnzimmer in Köln-Nippes. Die Kneipe Zum Kornbrenner ist ein Viertel-Treff

Das rechte Rheinufer lockt jetzt auch Nachtschwärmer an. Von Deutz aus leuchtet die Stadt verheißungsvoll

Die „schäl Sick", nicht so feine Stadtseite rechts des Rheins, hat das schöne Köln vor Augen. Nun sollen die aufgelassenen Industrieviertel durch Spaß-Zentren wie die Kölnarena neu erblühen. Auch ein modernes ICE-Terminal ist geplant

Reiche Kanzlei im Friesenviertel: Nach dem Krieg baute die Gerling-Versicherung ihr Hauptquartier im monumentalen Beton-Stil wieder auf

Kölns neue Schönheit ist nicht länger nur gemütlich. Rheinischer Frohsinn perlt an der Jugend ab. Das Ambiente ist nüchtern, der Spaß umso dringender

Streetball an der Venloer Straße. Oberbürgermeister Konrad Adenauer ließ den Grüngürtel um die Innenstadt in den zwanziger Jahren pflanzen

Im Hallmackenreuther am Brüsseler Platz trifft sich das neue Köln, um bei Fifties-Ambiente auszuchillen. Tags mit Saft, nachts mit Averna-Sour

Sinnbild deutscher Größe sollte diese Kirche sein. Doch die Gotik kommt aus Frankreich, aus Paris, Chartres, Amiens

Das Mittelportal entstand beim Weiterbau im 19. Jahrhundert. Zeitweilig leitete Karl Friedrich Schinkel die Planung für den Dom. Mit ihm nimmt die Gotikbegeisterung der preußischen Romantik reale Form an

Nach fast 300 Jahren Baustopp wurde 1863 das Längsschiff fertig. Seine Gewölbe sind mit 43 Metern die höchsten aller je vollendeten gotischen Kathedralen. Die Fensterfläche ist größer als der Boden

An Sommerabenden schlägt der kölsche Ehrentitel „Rom des Nordens“ auf die Stimmung durch. In Gedanken lässt sich der Rhein dann verlängern, nach Basel, Verona, Neapel

„Heimathirsch“ Jürgen Becker probt für die *WDR*-„Mitternachtsspitzen“ im Alten Wartesaal. Keine Stadt ist selbstverliebter, keine selbstironischer

Auch vom Turm-Restaurant des Messegeländes auf dem rechten Rheinufer bestimmt der Dom das Kölner Panorama

Kölner Idyllen sind selten intim. Ständig sind schon andere Kölner da. Viele machen dumme Witze. Und außerdem steht immer der Dom im Weg

An schönen Tagen führen manche Kölner auf den Rheinwiesen ihre Schweine aus. Wie etwa die Hardungs den gutmütigen Elvis

Natürliche Fortbewegung.

Verbrauch pro 100 km: Stadt 8,8 l; Land 4,9 l; Mix 6,4 l; CO_2-Emission: 168 g/km
24-h-Infoline: 0 18 01/406 406 (€ 0,04/Min.)

406

PEUGEOT

Im hohen Bogen

Der Dom – göttlich von oben bis unten, überraschend im Detail

Text: Tina Stommel

Eisern wölbt sich der Dachstuhl über dem gotischen Kirchenschiff – eine frühe Stütze der Moderne und über 100 Jahre alt

Altes Eisen in Höchstform

Es ist orangerot, schmucklos wie eine Rolltreppe im Kaufhaus und doch ein Denkmal: das Eisengerüst im Dachstuhl des Kölner Doms, 1883 fertig gestellt von der „Koelnischen Maschinenbau Actien Gesellschaft Bayenthal b. Koeln". Als frühe Stütze der Moderne. Bis dato war allem, was in der Architektur sonst untragbar gewesen wäre, mit Eichenholzkonstruktionen Bestand gegeben worden. Ernst Friedrich Zwirner hieß der Neuerer, der dem wichtigsten Werkstoff jener Zeit Einlass gewährte unters Dach des Allerheiligsten. Der Dombaumeister hatte gute Gründe: Eichenbalken können brennen, und schwer sind sie auch. 30 Jahre früher als im Eiffelturm kam Eisen im Dom unter Dach und Fach – und machte den Dachstuhl zu einem der bedeutendsten Denkmäler des frühen Eisenbaus. Regelmäßig gewürdigt durch Spezialführungen für Fachpublikum.

Heilige Barbies

Abgase, Wetter, Kriege, Taubendreck und die Zeit im Allgemeinen: So heißen die Feinde des Doms. Sie haben ihn schwarz gefärbt, zermürbt und angeschlagen. In grauer Vorzeit war er mal beige wie die Wüste. In der Farbe wird er nie wieder zu sehen sein. Verlangt auch keiner. Nur: Ihn einfach lassen wie er ist, hieße, ihn zerstören. Was aber fängt man mit Heiligen an, deren poröse Steingewänder nach Jahrhunderten unter freiem Himmel schon von zu scharfen Blicken zerfetzt scheinen? Man bringt sie nach Bamberg. Dort hat eine Firma in Zusammenarbeit mit dem Dom ein Verfahren entwickelt, das ungeheuer kostspielig ist, aber dafür den Feind, die Zeit, besiegen hilft. Die bröckeligen Heiligen werden unter Druck mit Kunststoff versiegelt, sozusagen in Barbie-Puppen verwandelt. Angeblich für die Ewigkeit.

Frau Dombaumeister

Prof. Dr. phil. Dipl.-Ing. trägt Hosen, hat eine dunkle Stimme, zentimeterkurzes Haar und alles, wirklich alles zum Thema gesagt, dass – jawohl – der Kölner Dombaumeister eine Frau ist. Na und? Hängt sie deshalb Spitzendeckchen über die Domspitzen? Stickt sie die Heiligen Drei Könige auf Kissen? Nö. Barbara Schock-Werner macht da weiter, wo Arnold Wolff, ihr Vorgänger, aufhörte. Sie erhält den Dom. Versucht es wenigstens. Und weiß wie die Herren vor ihr und die Damen und Herren nach ihr, dass die Welt wohl kaum untergehen wird. Denn: „Wenn der Dom fertig ist, geht die Welt unter." Dieser wichtigste aller Dom-Sprüche ist ihr täglich Brot. Wenn Schock-Werner in Ruhestand geht, dann hat der eine oder andere Engel ein abgasfreies Gesicht bekommen, dann ist diese und jene Rosette wieder komplett, dann sieht das Fenster hinten links im Gotteshaus so aus, wie es immer aussah. Hier und dort wird sie den Kampf mit der Zeit aufgenommen haben, für ein paar Jahre gesiegt haben, dann ist die Sache wieder offen. Viel wird sie nicht geschafft haben, weil der Hausputz in einer jahrhundertealten Kirche zwar im Detail genauso ist wie in einem Reihenhaus aus den siebziger Jahren, aber insgesamt dann doch von anderem Kaliber. Schockt Sie das nicht, Frau Schock-Werner? „Ich wusste, was auf mich zukommt", sagt sie nur. Man muss tun, was man tun muss. Warum eigentlich? Da glimmt etwas auf in ihren Augen, klar, auch sie ist verliebt in dieses Haus. Würde Meister Gerhard, der im 13. Jahrhundert mit dem Bau des Doms begann, jetzt zur Tür hereinkommen, würde sie ihm genau das sagen: „Es ist eine Ehre, an dieser Kirche mitarbeiten zu dürfen."

Chef für die Ewigkeit

Rosetten. Immer nur Rosetten. Wie öde. Fanden jedenfalls die Steinmetzen (und finden sie übrigens immer noch), als ihnen die ehrenvolle Aufgabe zugewiesen wurde, die Schäden des Zweiten Weltkriegs zu beheben. Jenes schnörkelige Stein-Blattwerk, Zierrat aller Domspitzen und Ecken, war in großer Zahl zerstört worden. Nach wenigen nachgeformten Rosetten hat der geduldigste Steinmetz genug. Um ihre Mannen bei Laune zu halten, gaben die Dombauhüttenchefs ihnen freie Hand. „Macht, was ihr wollt", sagten sie, „Hauptsach', da kütt wass hin." Prompt machten sich die Arbeiter mit Feuereifer daran, die Kriegslücken auf

Wasserspeier halten die Feuchtigkeit von den Mauern fern

Alter: 754 Jahre **Gründer:** Meister Gerhard – genaue Identität bis heute unbekannt **Größe:** 157 Meter hoch, 145 Meter lang und innen 43 Meter hoch. Die Westfassade ist mit ihren 7000 Quadratmetern Fläche die größte jemals fertig gestellte Kirchenfassade

Einer der Wanderfalken, die am Dom zur Bekämpfung der Tauben angesiedelt wurden

ihre Art zu stopfen. Ganze Karnevalszüge sind jetzt hoch oben versammelt, wo keiner mit bloßem Auge hingucken kann. Manche Steinmetzen verewigten ihre Vorstellung vom Jüngsten Gericht, andere schlicht und ergreifend sich selbst – oder ihren Chef. Letzteres kam sogar immer mehr in Mode. Einer gab sein Selbstbildnis in Auftrag, ehe er in den Ruhestand ging. Doch bei seinem Abschied war das Bildnis noch nicht fertig. Der linke Fuß war in einen Fettnapf gefallen. In aller Eile wurde das Kunstwerk mit nur einem Fuß am Dom angebracht.

Geführt von Frau Valder

Im Prinzip führt sie jeden. Aber unter dreien macht sie es nie. Weil „einer meinen Schirm halten muss, einer meine Handtasche und einer mich". Hannemarie Valder ist Kölns dienstälteste Domführerin und darf Bedingungen stellen, bevor sie an die Arbeit geht. Ihr Schirm ist ein Burberry-Plagiat, „die echten", sagt sie, „taugen nichts", und ihre Handtasche enthält ihren größten Schatz: den Schlüssel zum Dom. Ihrem Dom. Wer Frau Valder durchs Gotteshaus begleitet, der fühlt sich wie auf ihrer Familienfeier. Sie stellt Josef als Jupp vor, schwärmt von Maria wie von ihrer Lieblingsenkelin und begrüßt die Dominikaner-Patres mit „Tach, liebe Jung". Frau Valder hat schon Staatsgäste und andere so genannte große Tiere durch den Dom geführt, und noch das wichtigste Haupt hat sich gehorsam gesenkt, wenn sie beim Spaziergang die Würdigung des „wunderbaren Mosaikbodens" verlangte. Frau Valder kennt den Dom wie ihre Handtasche. Und wenn sie die am Ende ihrer Führung wieder an sich nimmt, dann hat sie es immer geschafft, dieses Gebäude aus Stein, Glas, Glauben und Geschichte in eine Persönlichkeit zu verwandeln.

Biologische Kriegsführung

Arnold hieß er und Agrippina seine Herzensdame. Zusammen taten sie nicht mehr, aber eben auch nicht weniger als das, was von ihnen erwartet wurde – und das war alles andere als selbstverständlich. Das Wanderfalkenliebespaar war nämlich bereits das zweite seiner Art, das freundlichst gebeten wurde, in luftiger Domhöhe heimisch zu werden. An Beute mangelt es den Falken nicht – und das ist es auch, was sie so wichtig macht. Die ungeliebten Tauben sind vielleicht die einzigen Lebenden, die dem Dom nicht den Respekt zollen, den er verdient: Sie kötteln ihn in Grund und Boden. Ihr Kot frisst sich dreist ins historische Gestein, bis es bröckelt. Da seien nur Falken vor, befand die Dombauverwaltung im Jahre 1979. Aber das erste Paar zollte seinem Artnamen Tribut, wanderte fort, kaum dass es zwischen den Kirchtürmen ausgesetzt war. Dabei waren sie doch in einem besonders geräumigen, zu diesem Zweck entworfenen Käfig zehn Tage mit frischem Taubenfleisch gemästet worden. Erst der Nachwuchs der freiheitsliebenden Taugenichtse, verräterischerweise in der dem Dom nicht vergleichbaren Agneskirche geboren, fand Gefallen am größten Kölner Schatz. Arnold und Agrippina zogen ein ins Domreich, vermehrten sich brav – und führen bereits in dritter Generation biologischen Krieg gegen Taubenkot.

Ertüchtigung im Kirchturm

Der Ex-Dombaumeister Arnold Wolff soll am schnellsten gewesen sein. Und der Mann war nicht der Jüngste, als er sein Amt antrat. Also, bitte schön, hurtig hinauf, das gehört sich so. Auf den Südturm steigen muss, wer sich anschickt, den Dom zu besichtigen. Unten kann jede Ameise herumkriechen, der Mensch will und muss höher hinaus. Am höchsten kommt er auf dem Südturm. Zum Glück, denn der Nordturm ist nochmal sieben Zentimeter höher. Führten Treppen auf die Spitze, wäre das quasi eine hochgehobene Schuhspitze mehr und nach 509 Schritten genau diese Schuhspitze zu viel. Dom-Mitarbeiter nehmen die Südturm-Besteigung als Fitness-Pflichtprogramm, Touristen als Selbsterfahrung. Jede gerauchte Zigarette, jedes Kuchenstück wird in Erinnerung gerufen, während sie sich nach oben tasten. Vorbei an drei verschlossenen Türen, keine davon eine Aufzugtür. Dann Verschnaufen in der Glockenkammer, wo die dicke Pretiosa (10 Tonnen, Kammerton g),

Kapitell mit Fußballspielern von Steinmetz Engelbert Davepon aus dem Jahr 1966

Anlass für den Bau: der Besitz der Reliquien der Heiligen Drei Könige **Gewicht:** 200 000 Tonnen Rohmaterial **Besucher:** zwei bis drei Millionen jährlich **Pflegekosten:** sechs bis sieben Millionen Euro pro Jahr

Das Weidenröschen ist nur eine von vielen Pflanzen auf Kölns höchstem Dachgarten

die vollschlanke Speciosa (4,3 Tonnen) und die schlanke Dreikönigenglocke (3,4 Tonnen) zum Glück stumm grüßen. Die Glockendamen wurden dereinst hinaufgezogen, wie der Besucher neidvoll nachlesen kann. Für die Qual des Aufstiegs wird er mit einer enormen Aussicht beschenkt.

Grüne Untermieter

Wo jeder Fleck, jede Scherbe vom Atem der Geschichte behaucht wird, darf auch der Tüpfelfarn höhere Weihen genießen. So heißt das zarte grüne Lebewesen, das sich die Gesteinsritzen der Strebebögen, die Nischen in den Galerien zur Heimat wählt. Er lebt von Staub und verwitterten Bröckchen, krallt sich fest in Mörtelfugen und Steinspalten und verdankt seiner anspruchslosen Lebensweise eine Hauptrolle in der kathedralen Pflanzenwelt. Als biotopische Darsteller ihm zur Seite stehend: das gemeine Weidenröschen, das Zimbelkraut, die Salweide, als Komparsen Moose, Flechten und unzählige Mikroorganismen, die dem düsteren Domkleid sein braungrünes Tupfenmuster geben. Klar, dass auch sie längst mitschreiben an der Domgeschichte: Dieser Tüpfelfarn ist es allemal wert, dass studierte Biologen ihm ihre Doktorarbeit widmen – schließlich ist er nicht im Hinterhof geboren, sondern in den Furchen des Doms.

Ein glänzender Auftritt

Der Eingang ist wenig ansprechend. Links am Dom angeklatscht erhebt sich ein Bauwerk, das halb fertig wirkt. Ganz schön scheußlich, denkt der Betrachter, aber daran wird ja noch gearbeitet. Und erwartet im Anschluss das mobile Bauarbeiterklo. Das Äußere jener Räumlichkeiten könnte bescheidener nicht sein. Es ist die Schatzkammer, in der das Wertvollste des Doms aufbewahrt wird. Auch im Innern setzt sich Understatement fort. „Wir haben bewusst schlichte Vitrinen gewählt", sagt die Leiterin der Domschatzkammer, Leonie Becks, „weil der Schatz an sich schon strahlend genug ist." In der Schatzkammer findet sich nichts, was ablenken könnte von der Kraft und Herrlichkeit eines Reichtums, der mit christlicher Demut so wenig zu tun hat wie ein Diamantcollier mit Mutter Teresa. Im Oktober 2000 wurde die neue Schatzkammer eröffnet, platziert in den mittelalterlichen Kellerräumen von 1277. Grober Stein umgibt die Glaskästen, gezielte Spots an und in den Vitrinen spenden das einzige Licht. So viel Mut zum „Weniger ist mehr" macht sprachlos: Im Dunkel der Räume strahlt das Gold der Insignien und liturgischen Geräte der Kirchenfürsten nochmal so hell. Kostbarkeiten aus zwei Jahrtausenden können hier bestaunt werden. Die meisten lassen einem auf ganz und gar ungläubige Weise Dollarzeichen in die Augen springen. Da fällt es fast schwer, die christlichen Schätze zu würdigen. Den Stab des Heiligen Petrus zum Beispiel, hölzern, matt. Drei Glieder seiner Kette, aus Eisen, rostig. Und einzigartig: Dass drei davon nach Köln gegeben wurden, nicht weniger, ist Zeichen für die Bedeutung des Doms schon im frühen Mittelalter. Jetzt sind auch sie von Gold umgeben, mit einem Bergkristall ist ihr Gefäß geschmückt. Reichtum durch Glauben, plus Reichtum durch Geld. Ein schwieriger Schatz ist der Domschatz. Wer weiß schon zu sagen, ob er ihn mag oder nicht.

Die Geliebte klagt auf Unterhalt

„Wenn die Kölner ihren Dom sehen, dann geht ihnen das Herz auf. Aber nicht das Portemonnaie", sagt der Domprobst – nicht gern, aber oft. Kölner reden gern vom „Domstein im Herzen und Rheinwasser in den Adern", wenn's ans Bezahlen geht, werden sie geizig – bei aller Heimatliebe. Der Dom ist eine kostspielige Geliebte. Sechs Millionen Euro verschlingt ihr standesgemäßer Unterhalt pro Jahr. Weniger hieße ihre Schönheit aufs Spiel zu setzen. Weshalb sich die Hohe Domkirche, das Erzbistum Köln, der Zentrale Dombauverein, der Verlag Kölner Dom und das Land Nordrhein-Westfalen an sich zusammentaten, um für Dasein und Dableiben des Doms zu zahlen. Gefolgt von der Stadt Köln mit rund 150 000 Euro pro Jahr.

Tina Stommel, *Jahrgang 1967, arbeitet als Redakteurin beim Bonner* General-Anzeiger.

Schrein des heiligen Engelbert in der Domschatzkammer

Kölscheste Stelle: ein Knopf an der Orgel. „Loss jonn" steht darauf. Drückt man ihn, spielt das Lied „Mer losse de Dom in Kölle": Nicht einmal die Kirche ist hier narrensicher

S&J
=
Es gibt ein neues Zeichen für *"Endlich da"*.
feel
TUI
www.tui.de

Auf dem Bonbon-Thron: So lange wie *VIVA*-Moderator Mola Adebisi halten sich wenige Mediensternchen – er ist seit der Gründung des Senders 1993 dabei

VIVA LIEBT SICH

Mit der Lindenstraße und Videoclips fing es an. Heute ist Köln die Drehscheibe der Soaps, Serien und Shows. Der Fernseh-Hype zieht tausende Jugendliche an, die beim Sender VIVA und anderswo eine lässige Karriere suchen

Text: Guido Eckert, Fotos: Andri Pol

Die Schauspielerin Ulrike Tscharre fand eine vorläufige Heimat in der Lindenstraße. Von ihren vielen tausend Konkurrentinnen ist ein Gutteil nicht einmal ausgebildet

Küssen ist hier verboten, wissen die beiden Fünfzehnjährigen und zeigen einander gierig kleine weiße Speichelbläschen auf den Zungen. Plötzlich aber stößt das Mädchen ihren Freund mit der Schulter an. „Mola!", zischt sie.

Da ist er, unnahbar und kühl: Mola, der *VIVA*-Moderator. Solche Menschen laufen im Mediapark vor Haus 7 einfach so herum, obwohl sie aus dem Fernsehen und damit berühmt sind. In anderen Kölner Studios, in denen einige der vielen tausend Talkshowstunden produziert werden, müssen Besucher vor hohen Toren warten und sich von dicken Wachleuten anpampen lassen – nur im Mediapark nicht. Dort werden alle Menschen Brüder. Wenn sie die Spielregeln beherzigen.

Denn mittags gehen Mola und seine Star-Konsorten hier in das Restaurant Osman im Erdgeschoss und sagen „Mahlzeit" wie andere Malocher auch. Sie wollen dann einfach nur essen. Und in Köln werden sie dabei tatsächlich nicht beachtet, denn die Jugendlichen vor den Glasscheiben, draußen auf der Betonfläche, zwischen den Skatern, oder drinnen, am Eingang zur Medienbibliothek, wissen inzwischen genau, was sich gehört. Sie wissen, wie sie sich zu geben haben, damit sie dazugehören.

Mädchen vom Land hingegen oder aus anderen Städten, selbst aus Metropolen wie Berlin, fallen auf, weil sie Mola und andere Moderatoren hechelnd nach Autogrammen fragen oder dümmlich kichern. Hier ist der Kölner Blick gefordert, eine Haltung, als starre man an der französischen Atlantikküste über den Plebs am Strand.

Also trinkt Mola Adebisi unbehelligt einen Tee mit Honig. Er ist eine Institution. Er hat Ausstrahlung. Seine bloße Anwesenheit ist eine Ansage: Wir sind mehr als nur ein Fernsehsender, denn wir sind euer Sprachrohr. Und euer Freund. Ab heute bleiben wir zusammen!

Mola Adebisi ist der einzige *VIVA*-Moderator, der seit der ersten Videostunde dabei ist. Am 1. Dezember 1993 verkündete er mit Heike Makatsch und Nils Bokelberg das neckische Medien-Menschen-Verbrüderungs-Manifest. Eine Zeit des Aufbruchs war das, als sich die Domstadt radikal veränderte. „Ich hab damals ganz ehrlich gedacht, *VIVA* geht nach einem Jahr pleite." Mola lacht. Ein herzliches, warmes Lachen.

***VIVA* bestand damals aus 30 Leuten, davon drei Moderatoren, die 24 Stunden Programm machten.**

Inzwischen wird an jeder Ecke der Stadt eine der vielen Soap Operas gedreht. Und aus unzähligen Gassen hallen Schreie, weil irgendein Medienmörder metzelt. „Mich berührt das schon lange nicht mehr", sagt Mola leise, „wenn die Leute in Köln von Null auf 300 beschleunigen und genauso schnell wieder weg sind." In die Vergessenheit abgeschoben.

Plötzlich und zum ersten Mal gibt es so etwas wie einen Schweigemoment in der allgemeinen Hektik. Alles ist so schnell gegangen in der Domstadt. Allein im Mediapark wächst beinahe wöchentlich ein neues Gebäude. Hingegen erinnert sich kaum noch jemand an die Zeit, als es in Deutschland nur drei Fernsehprogramme gab und die Nationalhymne zum Abspann. Und anschließend Rauschen.

„Ich habe den ersten *VIVA*-Clip auch nicht vergessen", erinnert sich

VIVA liebt euch alle: Zuschauerinnen bei der Aufzeichnung von „Interaktiv"

Alle Stars sind Marionetten: In „Wie weit geht die Show?“ der Aktionsgruppe „Datenstrudel“ steuert das Publikum die Spieler

Mola Adebisi. „Das waren die Fantastischen Vier, mit ‚Ich bin zu geil für diese Welt'."

Für den Sender ein Stück Programmatik, denn *VIVA* hat die deutschsprachige Musikszene erst ermöglicht. Aus Köln heraus. Mag man sich ansonsten auch über den Bonbonsender aufregen – „Fakt ist", sagt Mola, „die ganze Video-Industrie in Deutschland und die Regisseure und Produktionsfirmen dafür, die gab es doch vorher überhaupt nicht."

Vor allem nicht in Köln. Aber dann sind sie in die Domstadt eingewandert, zu Hunderten, zu Tausenden. Und jetzt rennen sie in den Straßen umher und heizen das Klima weiter auf. Wissend, dass es nur ein Kurzzeitgedächtnis für ihre Produkte gibt und dass kaum ein Mensch sich länger als ein paar Monate an einen Video-Clip erinnert.

„In Köln ist deshalb eine andere Frage entscheidend", lächelt Mola. „Wie prominent bist du wirklich? Musst du dich noch vorstellen?"

Zum Beispiel im Restaurant Quattro Cani in der Benesistraße. Am Nebentisch sitzen zwei Jungmedianer, Neuankömmlinge aus Bielefeld und Wuppertal, die in Köln vorwärtskommen wollen. Sie sitzen einander gegenüber, ohne sich zu kennen, schweigen sich an, öffnen und starten dann gleichzeitig ihre Laptops. Sobald das Display ihnen ins Gesicht leuchtet, beginnen sie miteinander zu reden, werden dabei albern wie kleine Jungs und tippen doch keinen einzigen Satz. Nachdem sie ihren Kaffee getrunken haben, schließen sie ihr Laptop und versinken wieder in Schweigen. Denn das Wichtigste ist der Platz, den sie eingenommen haben. Von diesem Platz haben sie den Blick. Die Ehrenstraße ist inzwischen die teuerste Straße in Köln.

Auswärtige Bustouristen, die durch die Stadt strömen, finden sie zwar selten und latschen durch die Shoppingmeile der Hohen Straße, am Bahnhof, aber die Kölner kaufen in den edlen Boutiquen um die Ehrenstraße. Früher war die Ecke schmuddelig und verrufen und wurde dafür von dem Schriftsteller Rolf-Dieter Brinkmann dankbar verewigt. Weil es gegenüber dem Quattro Cani einen Puff gab, hatte er einen Teil seines Lebens in der Straße verbracht. Zu seinen Zeiten war das Restaurant eine Tankstelle. Heute bewegen sich hier keine ölverschmierten Tankwarte, sondern lebensschmierige Talent-Scouts. Und sogenannte Talente. Tausende.

Vom Schulhof weggecastet: Viele Einsteigerinnen arbeiten 12 Stunden täglich gratis

Der heutige Blick gebietet deshalb, dasss Ulrike Tscharre vorschriftsmäßig übersehen wird, obwohl sie jeder kennt. Sie spielte kurz in der Soap „Verbotene Liebe", und sie spielt eine Hauptrolle in der „Lindenstraße". Sie ist attraktiv, intelligent, eine begabte Schauspielerin, und man möchte förmlich die Dankesreden an Köln hören, über die Stadt, die sie berühmt gemacht hat – Pustekuchen! „Das erste Jahr war furchtbar", sagt sie.

In ihren Augen ist Köln viel härter, als es im ersten Moment scheint. „Ich komme aus Süddeutschland, da hatte ich ein relativ gutes Netzwerk aufgebaut, und ich dachte, das wird hier schon auch so gehen, aber plötzlich war ich eine unter Tausenden." Von denen zudem ein Großteil nicht mal das Handwerk gelernt hat; vom Schulhof weggecastet, wegen des Aussehens, wegen der Frisur. Aus Zufall.

Es gibt erstaunlich viele junge Menschen in Köln, die Fernsehschauspieler sind oder sein möchten, oder vielleicht auch nur Darsteller, oder auch nur Statisten. Man geht durch die Stadt und sieht sie in den Bars kellnern, hört sie über neue Castings reden. Unglaublich viele Gesichter, junge, schöne: Medien-Gesichter. Vielleicht leben und arbeiten in der Innenstadt nur noch Darsteller, glaubt man Andy Warhol flüstern hören. Vielleicht gibt es in der Kölner Innenstadt gar keine gewöhnlichen Menschen mehr.

„Es passierte nichts, gar nichts", erinnert sich Ulrike Tscharre, „ich durfte nicht mal irgendwo hingehen und Guten Tag sagen." Sie war einfach schon zu alt für Köln. Mit 24 Jahren.

Während man zum Theater nach der Schauspielschule kommt, so mit dreiundzwanzig bis fünfundzwanzig Jahren, und dann durch Rollen wächst und reift – hat man im Fernsehen mit Mitte Zwanzig keine Chance mehr.

Also hat auch Ulrike gekellnert und in einer Second-Hand-Boutique in der Ehrenstraße gejobbt. „Du stehst hinter der Theke, lauschst Gesprächen über Castings oder Produktionen, und du denkst: Scheiße, warum bin ich nicht dabei?"

In der Mittagspause und auch in den Stunden danach strömen all die vielen Medienmacher der Stadt in die Cafés. Sie essen. Und reden. Und sie haben Projekte. Medien-Projekte.

Köln hat zwar eine Million Einwohner, aber Medien-Leute bewegen sich nicht dort, wo diese Million wohnt, sondern verkehren in einigen wenigen Straßen im Kern. Daher entsteht sehr schnell das Gefühl, die Stadt zu kennen. In diesen wenigen Straßen, die ohne Ausnahme linksrheinisch liegen, ist alles reduziert auf die drei „Siegfrieds" – auf: Soaps, Serien, Shows. Denn aus Köln kommen keine Kinofilme, auch keine Zeitschriften. Keine Werbeagenturen prägen Köln. Es ist auch keine Theaterstadt.

„Und doch hat man als Neuankommende den Eindruck, dass jeder in Köln mit Medien zu tun hat. Medien, das ist das All-Wort. MEDIEN. Und ich durfte kellnern", erzählt Ulrike Tscharre und lacht wenigstens wieder. Denn die Straße ist hier die Bühne.

Vor dem Quattro Cani steht ein alter Mann. Er ist Anfang 70, oben herum normal gekleidet, aber er trägt eine grün gemusterte Army-Hose, wie sie in Technokreisen üblich ist. An der Hand hält er ein hässliches, dickes kleines Mädchen, das sich immer wieder aus seinem Griff frei macht, um Dame zu spielen. Es trägt eine riesige schwarze Handtasche vom Flohmarkt, eine altmodische Armbanduhr und hat die Fingernägel orangerot lackiert. Das Kind kommandiert den Opa in den Eingang des Restaurants. Und er folgt artig in seinen Militärhosen.

Ansgar Dorenkamp ist 26 Jahre alt und studiert Insolvenzanzeigen in der Zeitung. Das ist seine tägliche Lieblingsbeschäftigung. Ansgar arbeitet an der Rezeption im Hotel Chelsea, aber bis vor einem Jahr war er noch umtriebig in der Stadt unterwegs – wie seine Kollegen. Und manchmal checkt einer von diesen ehemaligen Kollegen im Hotel ein und erkennt ihn.

Dann trifft ihn der Bannstrahl der Verachtung. „Es hat einige Zeit gedauert, bis ich mir selbst eingestanden habe, dass ich hier sitze", sagt er. Es ist schwierig, sich vom hektischen Rhythmus der Stadt zu befreien. Das Hotel, seine jetzige Arbeitsstelle, hat schon etlichen gleichartigen Großstadtphilosophen Heimat geboten. Das Café Central im Erdgeschoss ist Mythos. Es steht für den Beginn des Umschwungs, als Köln schon einmal aufhorchen ließ, als Stadt der Kunst. Im Hotel Chelsea logierten Martin Kippenberger und Hofgefolge und bezahlten in Öl.

1997, mit 21 Jahren, frisch nach dem Abitur, trieb es Ansgar als Praktikant zu den MEDIEN. Aus Bonn nach Köln, die Stadt, die im Westen der Republik alles anzieht und aufsaugt. „Mein erster Chef hat schon gesagt, der Ansgar will immer alles ganz schnell, und am liebsten sofort". Diese Einschätzung war gewissermaßen Einstiegsvoraussetzung in eine Management-Agentur für TV-Schauspieler.

Praktikant im Kölner Mediendschungel zu sein bedeutet modernes Proletariertum mit massig Spaß.

Man kriegt 180 Euro im Monat, arbeitet dafür 12 Stunden am Tag, würde sich auch ohne Bezahlung aufreiben – und hofft ansonsten auf den Fuß in der Tür. Aber es kommt nichts nach. Außer einem Fußtritt. Überall kursieren Geschichten von Praktikanten, die umsonst arbeiten und von ihrem Arbeitslosengeld leben. Mit der mündlichen, vagen Option, nach dem Praktikum vielleicht weiter beschäftigt zu werden. Was dann natürlich niemals eingehalten werden kann. Aber Hauptsache: MEDIEN.

Und weil das alles einen jungen Menschen mit „Glanz in den Augen" noch nicht ausfüllt, hat Ansgar sich bald danach mit einer Medienagentur selbstständig gemacht. Spezialisiert auf Schauspieler und Moderatoren, wie die Kollegen der ungefähr 500 Klitschen in Köln und Umland. Man braucht schließlich keine Ausbildung, man braucht nicht mal ein Schild an der Tür. Höchstens Visitenkarten.

„Du rutschst irgendwo rein", sagt Ansgar. Weil in Köln alle wichtigen Adressen nahe sind, werden die Entfernungen zu Fuß zurückgelegt. „Du willst irgendwohin, jemand kommt dir entgegen. Jemand, der wichtig ist, weil er aus der Welt kommt, in die du willst, die Medien-Welt. Du denkst, überall sein zu müssen, um jederzeit Kontakte zu machen."

Doch Ansgar durchschaute viel und äußerte sich kritisch. Eine Zeitlang war das Medienmauscheln auch für ihn aufregend, hatte Glamour. In keiner anderen Stadt ist Fernsehen so nah, so direkt wie in Köln. Aber man darf um Gotteswillen nicht ins Grübeln kommen.

Das ist Ansgar passiert. Er hat einen kompletten Zusammenbruch erlitten. Und ist vorerst ausgestiegen.

Seitdem ist er ein Paria, kann den Blick kaum aufrecht halten. Medienmenschen meiden ihn. Schließlich sind sie jung. Und junge Leute kennen keine Niederlagen – sie wollen sie nicht kennen. Stattdessen sitzen sie überall mit ihren Laptops und schreiben Konzepte. Gerade im Hotel Chelsea. Und immer „Projekte, Projekte" in den Gesprächsfetzen in der Bar.

Ansgar wird zukünftig als Theaterregisseur arbeiten, ansonsten Taxi fahren. „Es geht darum, sich treu zu sein. Doch in einer Branche, in der das Wichtigste darin besteht, sein Gesicht zu wahren, auch wenn alles den Bach runtergeht, ist Aufgeben eine Todsünde."

Plötzlich aber erhält die Stadt durch ihn wieder Würde zurück. Und Größe. Und wo der Blick endlich ins Schwarze trifft – da beginnt die Genialität.

Sie manifestiert sich in einem Bürostuhl. Im Sommerhit: „Sommerdeck" von Peter Licht geht ein solcher Stuhl auf Reisen, und er tut das natürlich in

Ansgar Dorenkamp hat schon eine kurze Karriere als Künstlermanager hinter sich

ZOOM
ZOOM
MAZDA PREMACY
Informationen unter: 0800 - 46 36 629 (INFOMAZDA), www.mazda.de oder bei Ihrem Mazda-Händler. Abb. zeigt Premacy Modell Sportive 2.0l.
mazda
Mazda Bank
Drei Jahre Garantie 3 bis 100.000 Kilometer

Köln. Der geheimnisvolle Musiker lebt inkognito in der Stadt – und auch die kongenialen Videoverursacher scheuen die Öffentlichkeit. Jakob Hüfner, 30, und Jörn Hintzer, 35, beide Absolventen der legendären Kunsthochschule für Medien (KHM) sind weniger auf den Glitzerboulevards als den Schattengassen der Stadt unterwegs. Dort, wo die strahlende Oberflächlichkeit der Seifenopern verflackert.

Nach dem überraschenden Erfolg von „Sommerdeck", als das Video bei *VIVA 2* und *MTV* rotierte, haben sie sich sogar auf eine mögliche Einladung zum Nachwuchswettbewerb „Top of the Pops" vorbereitet. Konzept: der Bürostuhl auf der Bühne. „Das wäre der beste Auftritt des Jahres gewesen", glaubt Jörn Hintzer. Klatschende, schreiende Teenager und: „Nahaufnahme Lehne!"

Jakob und Jörn sind Einzelkämpfer geblieben. „Piraten", wie sie sagen. Weil Genialität und rheinische Fröhlichkeit nicht immer leicht zusammen gehen. Unbeeindruckt davon konnte mitten im Herzen der Kölner Altstadt, wo sich ansonsten nur bierselige Tagestouristen verirren, ihr Freundeskreis namens „Datenstrudel" entstehen.

Hier kreierten sie die „Olympiade im Liegen" wie auch die „weltweit erste Internet-Demo". Randvoll mit Humor und Intelligenz. Klassische Filmemacher, die aber auch selbst am Computer schneiden und im Netz rumfummeln – und nie berechenbar sind.

„Wir planen gerade Ballerspiele für das Internet", sagt Jakob begeistert, „aber als Real Player. Wir laufen also mit realen Kameras durch das reale Köln und dort treffen wir auf reale Ninja-Ritter in der Fußgängerzone, die abgeknallt werden müssen."

Jakob und seine Freunde stecken ihr eigenes Geld in diese Aktionen. Gleichgesinnte unterstützen sie. Mehr als zwei Tage Vorbereitung darf es nie geben, sonst springen die Freiwilligen ab. Sponsoren sind schließlich keine da. Nicht der *WDR*, erst recht nicht die Privatsender. Das ist seit Jahrzehnten gleich geblieben: Im Schatten der Seitenstraßen, abseits der Medientreffs ist Köln eine Stadt der Spinner, der Einzelkämpfer. „Du studierst vier Jahre, wirst gehegt und gepflegt, und danach interessiert sich keine Sau für dich. Die haben ihre Soaps, und das reicht", meint Jakob Hüfner.

Dabei verteidigen Zusammenschlüsse wie „Datenstrudel" den Ruf der Stadt – und nicht die Kleidersammlung einer *RTL*-Moderatorin.

Aber Genialität verkauft nun mal keine Werbeminuten. Sie produziert keinen Tratsch und keine Skandale. Und keine Scheinwerferhelligkeit. Und deshalb haben Genies keine Lobby. Schon gar nicht in Köln.

Ihre Seelen sind zu dunkel. Rheinische Fröhlichkeit mag es nicht, wenn ein Schatten sie streift.

Guido Eckert, *Jahrgang 1964, lebt als Journalist und Schriftsteller in Köln. Zuletzt veröffentlichte er den Roman „Tote Tage".*
Andri Pol, *geboren 1961, ist freier Fotograf. Er lebt in der Schweiz.*

MERIAN-INFO Ausbildung für Medienberufe

● Bertelsmann-Stiftung Medienakademie Köln GmbH, Im Mediapark 6, 50670 Köln
Tel. (02 21) 57 43-72 00, Fax 57 43-72 01
www.medienakademie-koeln.de
info@medienakademie-koeln.de
Multimedia-Ausbildung mit Schwerpunkt Management

● bm (Gesellschaft für Bildung in Medienberufen), Bischofsweg 48-50, 50969 Köln
Tel. (02 21) 9 34 66 58 30, Fax 9 34 66 58 59
info@medienberufe.de
www.medienberufe.de
Weiterbildung für IT- und Medienbranche

● Camera-Acting Centrum Köln e.V.
Hansaring 21, 50670 Köln
Tel. (02 21) 9 12 35 80, Fax 9 12 35 82
www.camera-acting-centrum.de
cacev@netcologne.de
Ausbildungsinstitut für Schauspieler, Moderatoren und Manager

● Fachhochschule Köln
Ubierring 40, 50678 Köln
Tel. (02 21) 82 75 32 04, Fax 82 75 32 06
www.ds.fh-koeln
dekanat@ds.fh-koeln.de
Design, Fotoingenieurwesen, Medientechnik, Video

● Gag Academy
c/o Adolf Grimme Akademie
Eduard-Weitsch-Weg 25, 45768 Marl
Tel. (0 23 65) 91 89-45, Fax 91 89-89
www.grimme-institut.de
grimme-akademie@grimme-institut.de
Nachwuchsförderung für TV-Comedy

● Institut für europäische Medienbildung
Claudius-Dornier-Str. 5 b, 50829 Köln
Tel. (02 21) 5 95 74-0, Fax 5 95 74-26
www.medienbildung.com
wagner@medienbildung.com
Trainee- und Seminarprogramme

● KHM (Kunsthochschule für Medien)
Peter-Welter-Platz 2, 50676 Köln
Tel. (02 21) 2 01 89-0, Fax 2 01 89 17
www.khm.de, studoffice@kmh.de
Die älteste für audiovisuelle Medien

● Köln Comedy Schule (RTL)
Bremsstr. 12, 50969 Köln
Tel. (02 21) 9 36 83-16
www.koeln-comedy.de
comedyschule@koeln-comedy.de
Nachwuchsschulung für Comedy, Vermittlung von Praktika bei Sendern

● Kölner Journalistenschule für Politik und Wirtschaft e.V.
Im Mediapark 6, 50670 Köln
Tel. (02 21) 57 43-244, Fax 57 43-249
www.koelnerjournalistenschule.de
koelnerjournalistenschule@komed.de
Ausbildung zum Fachjournalisten

● Universität Köln, Institut für Theater, Film- und Fernsehwissenschaft
Meister-Ekkehart-Platz, 50931 Köln
Tel. (02 21) 4 70 57 45, Fax 4 70 50 61
www.uni-koeln.de/phil-fak/thefife/home
fs.thefife@uni-koeln.de
Studium der darstellenden Künste

● WAK (Westdeutsche Akademie für Kommunikation e.V.)
Goldsteinstr. 89, 50968 Köln
Tel. (02 21) 93 47 78-0, Fax 93 47 78-8
www.wak-koeln.de
info@wak-koeln.de
Aus-und Weiterbildung in Werbung und Marketing-Kommunikation

Das geklonte Idyll

Köln will Hauptstadt eines Silicon Valley der Gentechnik werden. Aber Reibereien mit den Konkurrenten Düsseldorf und Aachen verhindern das große Start-up

Text: Hans Haltmeier

Die Pharmafabrik der Zukunft steht am Ende eines neongrellen Flurs. Dort probt ein einarmiger Roboter die Choreographie für seinen nächsten Arbeitszyklus. Dreht wilde Pirouetten, hebt schnurrend den Deckel von einer Kulturschale, drückt diese energisch in eine Halterung. Kanülen schießen aus seinem rechteckigen Kopf und saugen an 540 Tröpfchen, die wie Tau in den Reaktionsgefäßen haften. In jedem Spritzer Millionen Bakterien, die gentechnisch zu Facharbeitern qualifiziert wurden. Der Roboter pumpt, mischt, spült. Stapelt die handgroßen Paletten zu einem makellosen Turm für die „konfokale Laserfluoreszenz-Analyse".

Andre Koltermann schlendert in ausgewaschenen Jeans und quietschenden Turnschuhen über den Hochglanzflur der Direvo Biotech AG in Köln-Bocklemünd, als sei er beim Einkaufsbummel durch die Altstadt. „Wir ahmen hier die Evolution nach, um Eiweiß-Moleküle zu verbessern", preist der 33-jährige „Chief Executive Officer & President" die Geschäftsidee, die den Schüler des Nobelpreisträgers Manfred Eigen vor zwei Jahren zum Unternehmensgründer werden ließ. „Moleküle lassen sich züchten wie Rosen. Das können schmutzlösende Enzyme für Waschmittel sein oder auch Medikamente gegen Herzinfarkt."

Direvo gehört zu dem Dutzend blutjunger Unternehmen, die Köln in ein „biotechnologisches Kompetenz-Cluster" verwandeln sollen. Im Schatten ehrwürdiger Weltkonzerne wie Bayer oder Henkel keimen Garagenfirmen mit Namen wie aus einem Pokémon-Spiel: Amaxa sucht nach Tricks, um fremde Gene in Zellen einzuschmuggeln. Axiogenesis erkundet mögliche Heilkräfte durch Stammzellen. Memorec durchforstet das Erbgut nach Angriffspunkten für zukünftige Arzneien gegen Alzheimer, Osteoporose oder Diabetes.

Im Kölner Stadthaus, Westflügel, 12. Etage, kann der freundliche Herr Kölmel stundenlang über die Wende der Domstadt zu einer quirligen Biotech-Metropole fabulieren. Raus aus dem Chemiedunst, rein in die schillernde Welt der Gene und Moleküle! An dieser Vision feilte der 61-jährige Leiter des Amts für Stadtentwicklung und Statistik schon vor 15 Jahren – als das noch sehr mutig war, und das Jonglieren mit Erbgut als Teufelswerk galt.

Hartmut Kölmel erzählt, wie er sich 1996 dem Ziel schon ganz nah wähnte, als der damalige Bundesforschungsminister Jürgen Rüttgers das Land der Zauderer mit dem Bio-Regio-Wettbewerb aus seiner Apathie weckte. Das Rheinland ging als einer der drei Sieger – neben München-Martinsried und dem Rhein-Neckar-Gebiet – aus dem Turnier hervor. Und Köln, Pharmastandort von Weltruf und Sitz eines veritablen „Genzentrums", sieht sich als eigentlichen Motor dieser Entwicklung.

Doch der Erfolg, beklagt der Beamte wortreich, rief die Landesregierung in Düsseldorf auf den Plan. Geplagt von siechem Bergbau und notleidender Stahlindustrie, sah sie in dem zarten Pflänzchen Biotechnologie den rettenden Halm für das gesamte Bundesland. Düsseldorfs verlängerter Arm, der Verein „Bio-Gen-Tec NRW", wacht seither darüber, dass der Geldregen – bislang 260 Millionen Euro von Investoren und öffentlicher Hand – im ganzen Land niedergeht. Die Erzrivalen Köln, Düsseldorf und Aachen wurden als „Bioriver" zusammengespannt, auf dem Herr Kölmel seine Felle davonschwimmen sah. Denn von den 100 neuen Biotechnik-Firmen in Nordrhein-Westfalen haben sich nur 14 auf Kölner Boden niedergelassen, und die Ausbeute von 400 neuen Arbeitsplätzen blieb mager.

Wer den Schmerz Kölmels verstehen will, muss sich in die Zahlen vertiefen. 53 Hochschulen, 21 Forschungsinstitute und 69 Technologiezentren drängeln sich vor allem im Städtedreieck Aachen, Düsseldorf und Köln. 31 000 Wissenschaftler und eine halbe Million Studenten häufen Wissen an, das sich versilbern lässt: Fast ein Drittel aller deutschen Biotechnik-Unternehmen konkurrieren zwischen Rhein, Ruhr und Weser. In Düsseldorf kratzte Vorreiter Metin Colpan 1984, in der Steinzeit dieser Branche, sechs Millionen Dollar Risikokapital zusammen und gründete Qiagen, die älteste und mittlerweile größte deutsche Biotechnik-Firma. 1996 erklomm Colpan gar den Olymp der New Economy: Qiagen wagte als erstes deutschstämmiges Unternehmen den Gang an die US-Technologiebörse Nasdaq.

Während das Land versucht, den großen Schmelztigel zum Brodeln zu bringen, köcheln die Kommunen lieber auf eigener Flamme. „Das ist genauso wie im Karneval und beim Fußball", kommentiert Hartmut Thomas, Geschäftsführer der Bio-Gen-Tec NRW, die uralte Rivalität der Rheinländer. „Warum sollte es bei der Biotechnologie anders sein? Der eigene Kirchturm ist immer der größte."

Kölns Start an die Spitze soll nun auf dem Gelände der alteingesessenen Firma Nattermann in Köln-Bocklemünd gelingen, die seit einigen Jahren dem multinationalen Pharmakonzern Aventis gehört. Noch liegt hier der Dunst von 100 Jahren Old Economy in der Luft. Edelstahlkamine paffen weiße Wölkchen. In Druckleitungen, die das Werksgelände durchwirken, singen strömende Chemikalien. Reaktoren und Fermenter glänzen hinter erblindenden Fenstern. Gabelstapler türmen Paletten mit Hustensaft, Aknecreme und Herztoniken.

Noch weiß kein Kölner Taxifahrer, dass „beim Nattermann" in Gebäude S 20, dem letzten vor der A 1, hinter einer orangen Klinkerfassade die Zukunft angebrochen ist. Und das treibt Boris Stoffel mächtig um, der hier 1997 die Memorec Stoffel GmbH gründete.

Als Vorsitzender des Vereins BioCologne, Gründer-Netzwerk und Widerstandsnest zugleich, erleidet Stoffel die Geburtswehen der nordrhein-westfälischen Biotechnik-Szene fast körperlich. Die nötige Nervenstärke für den Nebenjob hat der Agrarwissenschaftler schon im Studium erworben: „Ich habe schließlich meine Diplomarbeit in der kenianischen Hochebene über das Fruchtbarkeitsmanagement von Rindern gemacht", feixt die Frohnatur, „da lernt man organisieren!"

„Das Betonproblem ist gelöst", sagt Stoffel und wischt auf dem Stadtplan mit dem Zeigefinger über die Standorte, an denen Investoren 48 000 Quadratmeter neue Laborfläche in die urbanen Ritzen zwängen wollen. „Jetzt brauchen wir noch eine Galionsfigur", sagt er, als befinde er sich auf einem mittelalterlichen Feldzug, „die in der Lage ist, die zerstrittenen Landes- und Städtefürsten zu befrieden."

Wie sensibel die aufkeimende Branche auf Wechselfälle der Politik reagiert, zeigte sich keine fünf Kilometer südlich von Stoffels Firmensitz im Jahr 1990. Auf einem Acker des Max-Planck-Instituts für Züchtungsforschung wiegten sich 30 000 Petunien im Wind. Die Pflanzen trugen fremde Erbbausteine in ihren Zellen, die ihnen einzigartige, lachsfarbige Blüten verliehen: eine biologische Falle, um „springende Gene" einzufangen – molekulare Vagabunden, die sich frei im Erbgut bewegen können. Schnappte sie zu, so das Kalkül der Forscher, würde die Pflanze ihre Blütenfarbe verändern.

Stattdessen sind die Forscher selbst hineingetappt. „Wir hatten einen Treffer unter mehreren tausend Blüten erwartet", erinnert sich der Institutsdirektor Heinz Saedler, der damals den ersten Freilandversuch mit gentechnisch veränderten Pflanzen in Deutschland leitete. „Aber es traf die Hälfte aller Blüten, und da ging der Ärger natürlich los."

Im Keller lagern schon die Genkartoffeln zur Herstellung von Antikörpern. Noch verbietet die EU den Anbau

Für Umweltaktivisten bestätigte das Fiasko: Hinter Hartriegel- und Holunderhecken pfuschen skrupellose Wissenschaftler der Natur blind ins Handwerk. Bombendrohungen, Diffamierungen – über Saedler und seinen Acker fegte ein Sturm der Entrüstung hinweg. Unerfahren verschanzten sich die Forscher hinter wissenschaftlichen Studien, blindwütig schürten die Gegner die Angst vor Monsterkräutern. Der Polit-GAU schlug sich in einer restriktiven Gesetzgebung nieder. Die EU belegt derartige Freisetzungsexperimente bis heute mit Bann.

„Wissenschaftlich", murrt Saedler unbeirrt, „war das Experiment ein Erfolg." Als die überraschten Forscher mit wehenden Kitteln nach dem Grund für das Fiasko fahndeten, entdeckten sie einen zuvor unbekannten Mechanismus, mit dem Gene von Umweltsignalen reguliert werden. Eine außergewöhnliche Hitzewelle hatte ihn in Gang gesetzt.

Wie ein Mahnmal stehen noch ein halbes Dutzend Topfpflanzen im Gewächshaus des Instituts – Nachfahren jener Petunien, die vor 12 Jahren ein politisches Minenfeld besiedelten und als Teufelskraut wieder ausgerissen wurden. Wenn wieder einmal ein ambitionierter Unternehmensberater eine Tasse grünen Tee mit Saedler schlürft, dabei von sprudelndem Risikokapital schwärmt oder das Lied des „Biotechnologie-Clusters" Köln trällert, dann winkt der Veteran müde ab.

Damals war ein paar Labors weiter dem Doktoranden Klaus Düring ein Kunststück gelungen. Er hatte Tabakstauden hergestellt, die tierische Antikörper, Eiweiße zur Immunabwehr, produzieren. Seither träumt Düring von Kartoffeläckern, auf denen tonnenweise Arzneien gegen Krebs oder Herzinfarkt gedeihen. Per „Molecular Farming" ließen sich Hormone, Impfstoffe oder Medikamente aus Eiweiß billig, schnell und in großer Menge produzieren. „Ein Dutzend Antikörper sind zur Zeit medizinisch zugelassen", rechnet der 41-jährige geborene Kölner vor. „Wenn diese Therapieform in Schwung kommt, ist die Nachfrage mit herkömmlichen Anlagen nicht mehr zu befriedigen."

Im Kühlraum seines 1998 entstandenen Unternehmens MPB Cologne lagert der Firmenschatz in derben Säcken aus Papier. „Industrial tubers" – Industrieknollen – heißen die patentierten Hochtechnologie-Erdäpfel, in denen Antikörper und andere, streng behütete Preziosen stecken. Noch ist der Anbau verboten. Aber vielleicht darf ja die Kölner Saat irgendwann auch auf einem sonnigen Acker am Ufer des „Bioriver" aufgehen.

Hans Haltmeier, *Jahrgang 1959, lebt als freier Autor bei München. Der promovierte Biologe lehrt auch an der Bayerischen Akademie der Freien Presse.*

Pack Bier & Badehose ein, fest steht

Weder Vaterlandsmythen noch Chemieabwässer
wieder sauberer ist, werden seine Ufer zur Sommer

und frei die Wacht am

konnten ihn umbringen. Seit unser Schicksalsstrom frische. Text: Guido Eckert, Fotos: Sabine Lubenow

RHEIN

Rheinromantik bei steigender Temperatur. Hinter der Südbrücke wacht der Dom

EXTRABREIT fürs Strandleben. In Köln hat der Rhein schon 688 Kilometer, rund die Hälfte seines Weges, zurückgelegt

Idylle in Köln-Rodenkirchen an einer der schönsten Badebuchten

Hot Dog am Sonnenstrand von Köln-Niehl

Wer mit dem Fahrrad zum Baden fährt, braucht keine Palmen. Rheinufer bei Rodenkirchen

Bosporus an der Mülheimer Brücke: türkische Großfamilien beim Grillfest im Grünen

Picknick unter Bäumen. Party ohne Ende am **STROM**

An sonnigen Tagen gibt sich der Rhein naturmild. Bei Hochwasser hört der Spaß auf

Fitness an der Stromlinie.
Die Beach-Boys von Porz-Zündorf

Heiße Nächte im Rheinpark
an der Zoobrücke

Loreley lächelt nicht. Loreley trägt zwei verschiedene Handschuhe.

Von der Straße her hallt tierartiges Röcheln. Die auf beiden Straßenseiten liegenden Penner keuchen mit rasselndem Grunzen, aus tiefster Bronchialseele. Ansonsten gibt es in dieser Straßenzeile keine Geräusche.

„Eine Ansichtskarte mit Dom", sage ich und bekomme keine Antwort. Loreleys Laden in der Annostraße ist nur eine Zeile vom Rheinauhafen, vom Rhein entfernt, aber hierhin verirren sich keine Touristen. Nur das Hochwasser, im Frühjahr.

Loreley ist etwa 12 Jahre alt, natürlich blond, natürlich langhaarig, und steht allein hinter der verschmierten Verkaufstheke eines typischen Seitenstraßenkiosks. Sie schiebt langsam eine Haarfrisurenzeitschrift zur Seite.

Sie trägt zwei Handschuhe. Links einen dicken Bauarbeiterhandschuh, damit nimmt sie Bierflaschen entgegen und stellt sie in die Kästen hinter sich. Und rechts einen dünnen weißen Stoffhandschuh, damit nimmt sie das Geld entgegen und gibt Wechselgeld zurück. Jeder Schein wird zudem unter einer UV-Lampe geprüft. Sie ist ein zierliches Mädchen und sieht mich hart an. In diesem Gesicht gibt es nirgendwo eine Lachfalte.

„Am Rhein soll es doch so viele Geschichten geben ..."

Loreley antwortet nicht. Dabei beginnt schon eine Straße weiter das Reich der Mythen. Vergiss Elbe, Donau oder Ruhr – kein anderer Fluss wurde in Deutschland zu einem annähernd so populären Symbol. In keiner anderen deutschen Landschaft ist allerdings auch die Verbindung von kitschigen Landschaftsdarstellungen, ranziger Reiseliteratur und Sagentexten so ausgeprägt wie hier. An den Kiosken entlang der Rheintrasse erschlagen sie den Suchenden mit kleinen Sagenbändchen, randvoll von überzuckerten Geschichten. Anscheinend lässt sich nirgendwo sonst mit Mythen – notfalls auch ins Japanische übersetzt – so viel Geld verdienen wie am Rhein. Schon 1908 verzeichnete eine Bibliographie 135 Titel. Dabei selbstredend immer die gleichen Stoffe.

Loreley hingegen schweigt.

Als ich mich auf der Straße, in Blickweite des Rheins, noch einmal nach ihr umdrehe, tritt sie gerade aus dem Laden und streitet mit ihrer Mutter, indem sie in die Türsprechanlage brüllt. Sie wühlt in ihrer Handtasche und beschimpft ihre Mutter, die aus der Anlage zurückscheppert. Und Loreley steht zwei Meter davon entfernt, sucht nun etwas auf dem Bürgersteig und brüllt wieder zur Tür. Gefolgt von einer scheppernden Antwort.

Versteckt in den Rheinbiegungen gibt es plötzlich Strandabschnitte. Von Wald versteckt.

Und damit Ruhe. Einsamkeit. Dämonen ...

Nur wenige Kilometer von der Kölner Altstadt entfernt, in Rodenkirchen in der Nähe eines Campingplatzes, wartet weißer Sand, wie sonst nur an Karibikstränden. Verborgene Miniaturbuchten von nur wenigen Metern Durchmesser schmiegen sich an das Rheinwasser heran. Jede einzelne dieser Waldschneisen ist schon morgens besetzt und wird zäh verteidigt. Bummelnde Spaziergänger werden nicht geduldet.

Spätestens hier gibt es keine Touristen mehr.

Offene Waldflächen bilden elfenhafte Nebelkelche, wenn die Sonne durch die Baumkronen bricht und an ihren Lichtspitzen feuchte Zweige erhitzt.

„Es ist ungerecht", sagt eine ältere Frau aus Köln-Deutz. Sie beherrscht die Technik, aus beinahe jeder Plastikflasche durch Drücken einen Laut herauszuquetschen, der nach Katzengejammer klingt. Sie lebt auf dem Campingplatz und geht zu den Buchten, um zu reden. Viele Menschen hier gehen zum Rhein und reden. Mit jedem.

Auf dem Campingplatz wurde ihr für lächerliche 5000 Mark ein neuer Mercedes angeboten, aber der Fahrer hat sich darin umgebracht und ist hinter dem Steuer verwest. Der Todesgeruch ist aus dem Wagen nicht mehr wegzukriegen. Also klagt die Frau nun dem Rhein ihr Schicksal. Neben ihr sitzen überall Menschen am Ufer und blicken ins Wasser.

Das geht schon seit Jahrhunderten so und ist seitdem auch Inhalt verklärender Malerei. Aber weil es nun mal der Rhein ist und am Rhein alles falsch, sind auch die Gemälde gelogen. Obwohl die ersten Dampfschiffe hier bereits 1816 verkehrten und die in den Felsen gesprengten Eisenbahntrassen und ihre Tunnel die Ufer radikal veränderten, gaukelten idyllische Kunstwerke trotzig eine Urstromfantasie vor. Ganz ohne industrielle Verwertung. Gerne wurde auch der Dom im Rheinwasser gespiegelt, bis heute, obwohl er etwa hundert Meter vom Strom entfernt wacht.

Aber der Rhein ist nun mal nicht irgendein Binnengewässer für Wochenendausflügler. Spätestens seit der Romantik galt er als Wiege einstiger deutscher Größe im Mittelalter. Und bald formierte sich eine breite Bewegung, die sich für die Vollendung des Kölner Doms einsetzte und ihn zum eigentlichen deutschen Nationaldenkmal stilisierte. Die ursprünglich französische Gotik als Symbol der deutschen Einheit – gegen Frankreich.

Das ist heute merkwürdig weit entfernt. So fremd.

Am Ufer plantschen Kinder in den Wellen und versuchen dabei die Erwachsenen zu imitieren. Die Kinder schlenkern ihre Köpfe ruckartig nach rechts und links, so dass Lippen und Wangen schlackern. Das Geräusch erinnert sie an fette Oberschenkel. Und sie haben Spaß.

Frieden.

Die französische Rheinideologie stilisierte den Fluss zur Grenze zwischen dem römisch geprägten „zivili-

Romantik an der Zoobrücke mit
Rheintochter und flüssigem Rheingold

sierten" Europa unter französischer Führung und der von Preußen-Deutschland repräsentierten Barbarei. Nur die rheinländischen Deutschen gehörten nach dieser Auffassung zum fortgeschrittenen Europa.

Französische Politiker verfolgten zeitweise die Idee, einen autonomen, aber von Paris aus gelenkten rheinischen Staat zu erschaffen. Was leider nie durchzusetzen war. Und die heutige Nationalhymne Frankreichs, die Marseillaise, hieß ursprünglich „Chant de guerre de l'armée du Rhin" und war für die im Elsass stehenden französischen Revolutionstruppen gedichtet und komponiert worden.

Denn der Rhein war die Grenze. Die Volksgrenze, die Denkgrenze. Im Gegenzug stieg bei den Deutschen der ehemalige Flussgott Rhein im publizistischen Vorkriegskampf vom Vater zum Wächter auf. Am Rhein verschwisterten sich Weinseligkeit und patriotisches Bekenntnis:

Sie sollen ihn nicht haben,
den freien deutschen Rhein,
ob sie auch wie die Raben
sich heiser nach ihm schrei'n.

Heute hat es sich glücklicherweise ausgeschrien, und es herrscht eine heisere Ruhe. Man kann dafür endlich wieder im Rhein schwimmen.

Schließt man die Augen, hört man aus dem nahen Waldstück Tiere rufen. Oder ein Kind. Alles mit viel Echo.

Plötzlich aber, wie in einem Horrorfilm, schallt gleichzeitig das schrille Lachen von ungefähr 20 Frauen in unsere Waldschneise. Es ist laut und gruselig, aber es ist nicht einzuschätzen, wo diese Frauen lagern. Der abrupte Hall kommt auch nicht wieder. Nur ein einziges, schrilles Mal. Und sofort danach wird es dunkel.

„Es wird regnen", sagt der alte Mann in Königswinter zu sich selbst. „Der Rauch der Schornsteine wird auf den Boden gedrückt." Jeder Spaziergänger passiert den Alten auf dem Weg zum Drachenfels. Auf dem Weg zum stärksten Kraftfeld – zum größten Mythenkocher. Und der alte Mann steht mit seinem Weltempfänger zwischen den Touristen. Die meiste Zeit über rauscht es geheimnisvoll aus dem vergammelten Kasten, und dazwischen sendet er monotone, unverständliche Nachrichten.

Durch die Gassen, am Mann vorbei, quälen sich alte Japaner, alte Amerikaner, alte Deutsche – dabei haben junge Engländer den Rhein als Ausflugsziel erfunden. Es waren trendbewusste Anfangszwanziger, Schriftsteller, auf der Suche nach Abenteuer und Grusel. Horrorgeschichten haben sich die Menschen immer gerne erzählt, aber Ann Ratcliffe, Lord Byron und vor allem Mary Shelley fanden am Rhein die ideale dreidimensionale Landschaft für Monster wie Frankenstein. Für Mythen und Ritterspiele.

Es war die Lost Generation des 18. Jahrhunderts, auf der ekstatischen Suche nach Lebensgenuss und Lebensglück. Begeisterungsfähig. Und schwer zugängliche Landstriche am Rhein, fürchterliche Schluchten, kaum passierbare Wege luden zum Fantasieren ein. Vor allem: verfallene Burgen. Ein idealer Ort für die *gothic novel*, den Schauerroman.

Wilde Felsen, zerklüftete Schluchten, gefährliche Hohlwege, überhängende Wälder, verlassene Ruinen und eine Aussicht bis an den Horizont. Bis sich die erlebte Realität mit den „Rhynstrom"- Fantasien vermischte und man nur noch sah, was man sehen wollte …

Frankenstein.

Der Mann mit dem Weltempfänger glotzt unbeweglich in meine Richtung. Minutenlang. Unbeweglich. Er hat ein Bein nach hinten auf die Eingangsstufe einer Kneipe gestellt, im Halbspagat. So soll klar sein, wo er hingehört. Er beobachtet mich. Denn ich bin zu jung. Und damit auffällig.

Heutzutage sind am Rhein keine Künstler mehr unterwegs.

Dabei ist dies die Gegend, in der eine Jungfrau, die den Drachen zum Fraß vorgeworfen werden sollte, durch das Kreuz auf ihrer Brust gerettet wurde. Es ist die Gegend, in der Jung-Siegfried den Lindwurm tötete. Und nicht zu vergessen: die Gegend, in der man sieben Riesen rief, das Gebirge zu durchstechen, damit es nicht länger den Rhein staue. Als die sieben Riesen ihre sieben Spaten abklopften, entstanden die sieben Berge. Dahinter tauchten eines Tages die sieben Zwerge auf – und boten Schneewittchen auf der Flucht vor der bösen Stiefmutter Asyl.

Es ist die Gegend, in der Kinder heute noch mit Kreide „BRD" an die Dorfmauern schreiben.

Und mitten in der kleinstädtischen Einsamkeit steht ein alter Mann und schaut unbeweglich auf seine Schuhe. Nach unten, wie ein Diener. Schweigend, still, allein.

Ein junger Hund jagt Tauben. Er spurtet zu den Viechern auf einer Mauer hin, so dass sie hochflattern und er in den aufgescheuchten Haufen hineinhechtet und danach spurlos verschwindet. Denn hinter der Mauer liegt ein Abhang. Deshalb die Mauer. Und unten lauern die Dämonen …

„Mein Geld ist in der Hosentasche feucht geworden", sagt ein Tourist mit bayerischem Akzent nach der Anstrengung des Aufstiegs. „Richtig nass", wiederholt er. Er hat die Scheine locker in der Hose getragen. „Vorsicht", sagt seine Begleiterin, „ich hab' gehört, dass Dollars hier zerfallen."

Am Stromkilometer 554 ist schließlich alles möglich. Angeblich. Hier hat die Loreley das Sagen.

Die Lügen-Lore.

Denn die Lore ist nicht irgendeine Blondine: Sie ist die erotische Variante zur Germania, sie ist der Inbegriff teutschweiblicher Geilheit. Eine weltbekannte Ikone!

Dabei hat der Dichter Clemens Brentano in seinem Roman „Godwi" gleich zwei davon geschaffen, nämlich

Lifestyle auf Kölsch: Abhängen, locker bleiben. Alles fließt

Lore Lay aus Bacharach, die sich aus verschmähter Liebe vom Lurleifelsen in den Rhein stürzt, und die Märchenkönigin Lureley, die den Nibelungenhort mit sieben Töchtern hütet. Die Lureley wurde vergessen, aber nicht die männerbetörende Lore Lay, die tückische Lore. Einem gewissen Herrn Aloys Wilhelm Schreiber haben wir das zu verdanken, der die Ballade von Brentano 1818 einfach zur Rheinsage umdichtet und in das „Handbuch für Rheinreisende“ schummelt. Die Gebrüder Grimm kannten den Ursprungstext und haben deshalb diese und weitere Rheinsagen aussortiert. Andere sind voll drauf abgefahren. Rund fünfzig Mal wurde Heines Gedichtfassung vertont. Ansonsten bescherte die Loreley der Welt hunderte, tausende Weinlieder, Kantaten, Walzer, Ouvertüren und Opern. Darunter Vertonungen von Schumann, Liszt, und Johann Strauß Vater. Sogar was von George Gershwin! Allerdings alles vergessen.

Aber das ist ein Tabu an diesem Mythenpunkt. Wer so etwas hier am Loreleyfelsen verkündigt, wird gesteinigt. Die Mythenindustrie will schließlich leben. Es weht Würstchenduft.

Und es liegt Beton. Und Schweigen.

Der Rhein umfließt hier einen der herausragenden Eckpunkte der netten, aber schwer zu befahrenden Gebirgsstrecke. Der Fluss wird schneller, es gibt Strudel, Sandbänke und scharfkantige Riffe. Besonders bei Niedrigwasser bedeutete das in früheren Zeiten eine große navigatorische Herausforderung – und für viele Schiffe die letzte Fahrt. Die harten Sandsteinschichten zerbröseln nicht. Wenn, dann brechen sie gleich in ganzen Blöcken ab. Dadurch entstehen die scharfen und harten Bruchkanten.

Im Mittelalter hatte man hier deshalb wenigstens noch Zwerge und Gnome vermutet.

Einer der heutigen Touristen öffnet sein Portemonnaie, um eine Bratwurst zu bezahlen, und dabei fallen ihm alle Münzen in eine Schlammpfütze. Wie Goldgräber sieben er und seine Frau nun in dem undurchsichtigen Grund.

Im 13. Jahrhundert vermutete man hier den Schatz der Nibelungen. Kein Wunder, denn nichts hier ist real. Oder andersrum: Alles wird möglich. Natürlich ist auch das sagenhafte „Schloss im See“ im Laacher See bei Andernach nichts anderes als die verballhornende Prosafassung eines Gedichts von Friedrich Schlegel. 1807 ließ der Dichter seine Verse drucken, stellte aber erst 1823, in einer Gesamtausgabe, die nachträgliche Ortsangabe Andernach hinein. Den See hat er selber nie gesehen. Ein begeisterter Brief seiner Frau inspirierte ihn. Ein Gedicht, das ursprünglich nichts mit Rheinland und Volkspoesie zu tun hat, ist nachträglich zur Sage gewachsen.

Für die man viele Bratwürstchen verkaufen kann.

Oder die bei Rolandseck lokalisierte Mär von Roland und Hildegund. Sie ist in Wirklichkeit nicht sehr alt: eine literarische Schöpfung in Anlehnung an Schillers Ballade „Ritter Toggenburg“ von 1797.

Oder die Heinzelmännchen von Köln – die im Biedermeier durch ein 1836 erstmals erschienenes Gedicht von August Kopisch populär wurden.

Verkauft sich alles hervorragend. Erwirtschaftet viele Bratwürstchen …

Wahrscheinlich haben die Franzosen Recht gehabt mit ihrer Vorstellung, dass nur die Rheinländer brauchbare Menschen seien. Denn diese sind halt die besten Lügner.

In ihren Schummeleien haben sie einen ganz eigenen Ton gefunden, den es so kein zweites Mal bei Sagen gibt. Stets gerne an eine erfundene Ritterzeit angeknüpft, dabei möglichst sentimental in der Haltung und in der Ausgestaltung eines Liebesmotivs. Und nicht zu vergessen: eine gewisse rührselige Schauerromantik.

Und diese Rührseligkeit ist tatsächlich ansteckend. Man muss nur kurze Zeit am Rhein spazieren. Auf dem Biertisch steht eine Rose in einem vergessenen Bierglas. Es sind zarte Blüten an dem Blümchen, und plötzlich sehe ich, dass sie vor mir leise mitzittern, im Herzschlagrhythmus. Die kleinen Blüten. Am Rhein.

Als würden sie von Elfen bewegt …

Guido Eckert *schrieb auch den Text über VIVA (Seite 44).*
Sabine Lubenow, *Jahrgang 1967, lebt als freie Fotografin seit langem in Köln. Das klassenlose Bade-Idyll entdeckte sie dennoch erst mit dieser Reportage.*

Das Ich als Installation

Drei Kölner Nachwuchskünstler knüpfen aus Zeitläufen, Kunsthistorie und Selbsterfahrung hintergründige Netze.
Texte von Thorsten Koch und Andreas Weber

Der Politische Auf der Art Cologne 2001 durfte Johannes Wohnseifer im Auftrag des Arbeitskreises Galerien Köln die Ruhezone des VIP-Bereichs gestalten. Seine „Break. Down.Lounge" bot eine Installation als Chillout vom Kunstbetrieb. Umströmt von Kamillenduft, im Schummerlicht farbig verhängter Lampen, konnten sich Besucher in weiche Matratzen fallen lassen. Die Liegemöbel hatte Wohnseifer mit Luftpolsterfolie und anderem Müll ausgestopft, der beim Bau der Messestände angefallen war. Die Farbgestaltung der Lounge bezog sich auf Picassos „Guernica", ein grob in das Setting gesprayter Schriftzug auf einen Text, den der New Yorker Galerist Tony Shafrazi einst auf Picassos Bild geschrieben hatte.

Wohnseifers Arbeiten leben aus dem Spannungsfeld deutlicher und verdeckter Bezüge, in denen der Künstler Anspielungen auf andere Werke mit Erinnerungen an die Historie der Bundesrepublik vernetzt. Seine Werke funktionieren wie Puzzles. In ihren Facetten brechen sich Wohnseifers eigene biografische Fragmente mit Stationen der Zeitgeschichte.

So malt Wohnseifer eine RAF-Geschichte als Vexierspiel aus Pop-Ikonen wie VW-Käfer und ARAL-Werbung, designt einen Turnschuh zum Münchner Olympia-Attentat von 1972, der von Adidas in Kleinserie geschustert wird, baut einen durchsichtigen Tisch, dessen Gestell die Umrisse eines Stealth-Bombers hat.

Die Skulptur „Spindy", die auf die Ermordung Schleyers anspielt, inszeniert Wohnseifer in einem Schrank mit den Maßen des engen Möbels, in dem die RAF ihr Opfer gefangen hielt. Darin hat Wohnseifer einen Lageplan der konspirativen Wohnung und eine Miniatur-Halfpipe montiert: Mit Skateboard-Fahren verbrachte er zur Zeit der Entführung seine Freizeit.

Wohnseifer ist mit dem Kölner DJ Thomas Schaeben befreundet, mit dem er Happenings wie die Formel 1-Hommage „I'm beginning to see the light" inszeniert.

Ironische Fülle lernte der Künstler bei einer Kölner Legende. Viele Jahre leitete Wohnseifer als Assistent das legendäre „Büro Kippenberger", das wie er von der Galerie Gisela Capitain vertreten wird (▶ s. Magazin, S. 128).

JOHANNES WOHNSEIFER wurde 1967 im Rheinland geboren und lebt in Köln. 2001 erhielt er den Ars-Viva-Preis des BDI und den Förderpreis des Landes Nordrhein-Westfalen. Ausstellungen im Projektraum des Museum Ludwig, im Bonner Kunstverein, im Städtischen Museum Abteiberg, Mönchengladbach

Mit Verkehrshütchen lenkt Wohnseifer die Besucher durch seine Werke

Der „Wohnseifer", ein Turnschuh, dessen Design das Geiseldrama im Münchner Olympischen Dorf 1972 chiffriert darstellt. Adidas fertigt ihn in Kleinserie

Die Liegen der Messe-Lounge füllte Wohnseifer mit den „Breakdown"-Produkten, dem Verpackungsmüll der ausgestellten Bilder und Skulpturen

Heavy Metal im Weichschaum: Den tätowierten Helden eines ihrer Doku-Clips fand Pousttchi in einem Bettenlager

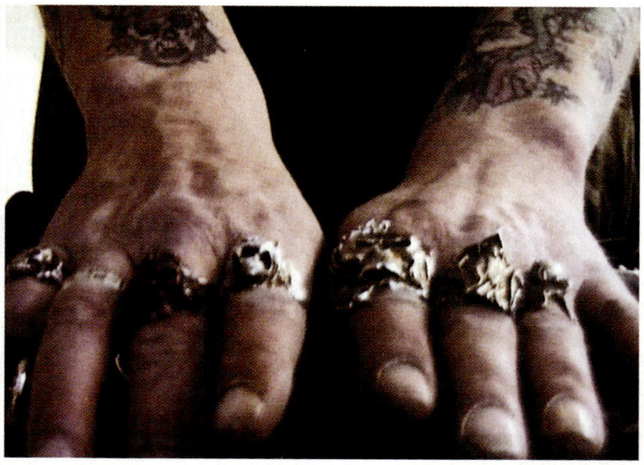

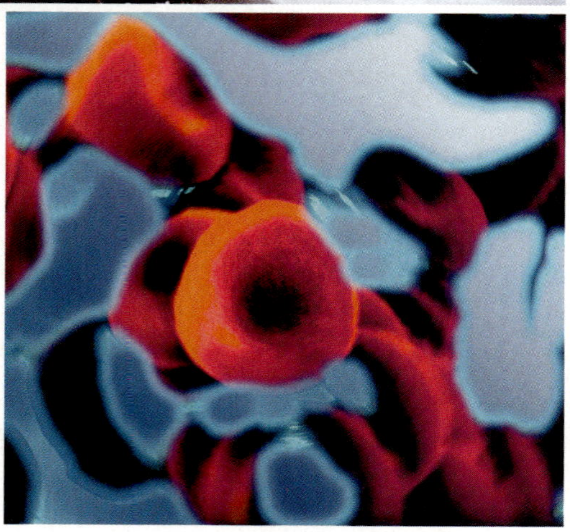

Neonfarbene Blutkörperchen, zu schön, um wahr zu sein: In ihren Fotoarbeiten überdreht Pousttchi den Anspruch wissenschaftlicher Darstellungen auf Objektivität

Die „Katharina-Show“: *MTV*-Ästhetik in der Waschstraße

Die Analytische Konzeptuelle Kunst kam lange ohne opulente Bilder aus und wollte auch nicht unterhalten. Bettina Pousttchi hingegen versucht eine kritische, engagierte Haltung mit kraftvoller Optik und viel Ironie zu verbinden.

In ihren Fotoarbeiten und Videos überblendet sie die Wirklichkeit mit analytischer Reflexion und individueller Imagination. So kommt sie der Ideologie hinter den bunten Oberflächen von Wissenschaft und Pop-Kultur auf die Schliche: Scheinbar Objektives löst sich bei Pousttchi im Formentaumel auf. In ihrer „Blutbilder"-Serie „My artificial nature" verfremdet die Künstlerin Mikroaufnahmen aus der Naturwissenschaft zu ästhetisch stilisierten Fantasiekosmen. So entlarvt sie die wissenschaftliche Wahrheitsallüre in der schönen Übersteigerung ihrer visuellen Codes.

Die Art Cologne 2001 zeichnete Pousttchi mit einer „Förderkoje" aus, einem eigenen Ausstellungsraum. Hier lief ihr neuestes Video „Reset": Ein in der Millennium-Nacht auf dem New Yorker Times Square abgefilmtes Leuchtband des Dow-Jones-Index, umrahmt von Werbetafeln, zeigt in Stichworten die vermeintlich wichtigsten Ereignisse des 20. Jahrhunderts, durch die Auswahl hoffnungslos zur amerikanischen Perspektive verzerrt.

Einige Ereignisse dieser „Dow-Jones-Millennium-Milestones" hat Pousttchi neu montiert und wagt damit eine eigene Geschichtsschreibung. Mit Sequenzen zum Thema Rassismus führt sie vor, wie subjektiv Geschichte inszeniert wird.

Bekannt machten Pousttchi ihre „Doku-Clips", ein hybrides Genre zwischen Dokumentarfilm und Videoclip. In der „Katharina-Show" wiegt sich ein Mädchen im Trägerkleid in Papas Autowaschanlage zu ihrem Lieblings-Hit.

Bürsten wirbeln, während Katharina kess-amateurhaft ein riesiges Plastik-Karaoke-Mikro schwingt. Die Sehnsuchtsbühne kommentiert die Künstlerin mit Einschüben aus Tanksäulen-Überwachungskameras und dokumentarischen Bildern von Katharinas Familie.

In dem Clip „Auf gute Nachbarschaft" spielt ein Heavy-Metal-Fan rasende Riffs auf seiner ausgestöpselten Gitarre, umrahmt von den Matratzen des Bettenlagers, in dem er arbeitet. Eine Luftpumpe wird ihm zum Mikrofon, im Bühnentaumel ersetzt die Katze ein Bandmitglied – jedermann ein Star. Anders als bei Andy Warhol, der in seinen „Screen Tests" Namenlose als Bühnenheroen inszenierte, wird bei Bettina Pousttchi das Private zur großen Bühne.

BETTINA POUSTTCHI, 1971 in Mainz geboren, studierte in Paris, Köln, Düsseldorf, zuletzt am Whitney Independent Study Program New York. Ausstellungen: Kunstverein für die Rheinlande und Westfalen, Museum Morsbroich, Leverkusen, Museum Fridericianum, Kassel. Pousttchi lebt in Köln und New York

Der Romantische Kai Althoff ist Künstler und Musiker. Mit seiner Band „Workshop" veröffentlichte Kai Althoff gerade „Es liebt Dich und Deine Körperlichkeit ein Ausgeflippter", sein mittlerweile sechstes Album. Doch trotz der engen Verbindung von Musik und Kunst (er gestaltet die Covers von „Workshop", gab ein Buch mit 13 Zeichnungen und einer Langspielplatte heraus) nimmt das Publikum Althoff entweder als Musiker oder als Künstler wahr und verkennt oft den prägenden wechselseitigen Einfluss.

In seinen Zeichnungen greift Althoff Stilelemente der sechziger und siebziger Jahre auf, von denen auch die Musik von „Workshop" beinflusst wird. An Krautrock erinnernde Stücke wie auf dem „Workshop"-Album „Meiguiweisheng Xiang" sind auch von der Band Popul Vuh in Althoffs jüngster Installation „Aus Dir" (2001) zu hören.

Hier gelangt der Betrachter durch einen Schlauch in einen gezimmerten Raum mit einer Bank, deren Sitze durch Vorsprünge voneinander abgetrennt sind und an das Gestühl in einem Kirchenchor erinnern. Den christlichen Bezug unterstreichen vier Zeichnungen an der Wand, die u. a. Franz von Assisi zeigen, wie er seinen Habit einem Bettler schenkt.

Die grünliche Farbe des Raums, ein Matratzenlager am Boden, Teelichter und ätherische Öle verweisen dagegen auf eine Art Jugendzimmer, dessen imaginärer Bewohner in seiner Melancholie und Verlorenheit bedroht erscheint. Das ist trotz der sinnlichen Gerüche und Farben ein Ort der Askese und des Entzugs, aus dem die Verstörtheit des hier lebenden Menschen, seine sexuelle Aufgeladenheit spricht.

Althoff schafft Stimmungsrefugien, in denen unterschwellige Gefühle einen festen Aggregatzustand im Raum einnehmen. Seine Installationen haben mittlerweile das Interesse großer Museen geweckt. Kai Althoff vertritt die Galerie Buchholz (▶ s. Magazin, S. 132).

Mahnwache unter dürrem Baum: In der Installation „Aus Dir" umstellen religiöse und sexuelle Visionen ein angekokeltes Matratzenlager

KAI ALTHOFF wurde 1966 in Köln geboren. Austellungen in den Galerien Christian Nagel und Daniel Buchholz, Köln, Galerie Ascan Crone in Hamburg, Galerie Anton Kern in New York, Robert Prime Gallery, London, Städtisches Museum Abteiberg, Mönchengladbach. Althoff lebt in Köln

Text: Andreas Weber, Fotos: Andrea Stappert

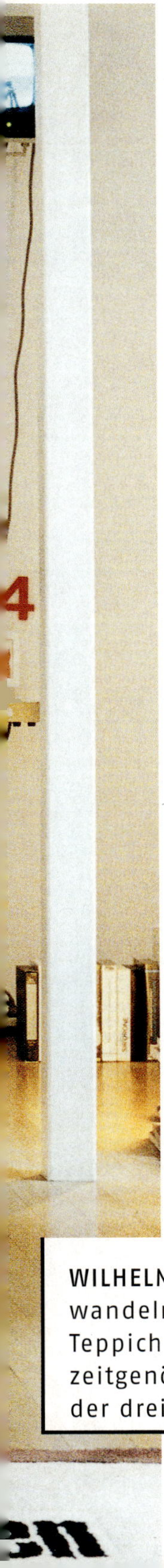

Von der Leidenschaft des Sammelns

Mit kreativer Besessenheit bauen sie aus zeitgenössischen Werken die Museen der Zukunft. Nirgendwo in Deutschland leben mehr bedeutende Sammler als in der Stadt von Wallraf und Ludwig

Erst die Abendsonne vollendet das Werk. Wie durch die Westrosette einer Kathedrale flutet sie in den kahlen Raum, überschüttet Bilder, Skulpturen und Installationen mit Licht und schmilzt sie für Minuten zu einer vergoldeten Landschaft zusammen.

Darin steht Wilhelm Schürmann und murmelt: „Das ist ja Indian Summer vom Feinsten." Schürmann lebt für solche Augenblicke. Zieht schnell die Aluminium-Stores vor den Fenstern der fünf oder sechs Gemächer und Korridore weg, die ihm und seiner Frau Gaby als Privatmuseum dienen. Verstummt, als die im Licht erwachenden Werke ihren Dialog der Formen und Anspielungen beginnen. Die Sonne überblendet die Aluminiumkonstruktion „Chainsaw Cowboy" von Cady Noland mit dem Schatten aus Martin Kippenbergers Lattengerüst „Wenn's anfängt durch die Decke zu tropfen". Ihr Leuchten lässt Jeff Koons' silbrigen Kretin „Bob Hope" als metallische Pupille in Steven Parrinos Lochbild „Freudian Flop" verglühen und dazu Kippenbergers Porträts „Jeder ist seines Glückes Schmied" höhnisch aufflammen.

Das Glück dieses Augenblicks schmiedet das Licht. Es gießt den Raum mit leuchtendem Kunstharz aus zu einer einzigen Skulptur, zu einer Meta-Installation: dem Kunststück des Sammlers. „Solche Momente können Sie nie im Museum erleben", sagt Schürmann, in seinem zivilen Leben Fotograf und Professor für Design in Aachen. „Jeden Tag verbringe ich mindestens eine Stunde hier".

Schürmann kauft und hortet zeitgenössische Kunst. Er gehört zu jener Sorte Menschen, die ihren Platz in der Welt nicht bloß durch Anhäufen alltäglicher Kleinigkeiten ein wenig behaglicher einrichten. Schürmann ist besessen. Er sammelt mit System. Er sammelt und lebt darin. In seinem Haus sind die Küchenschürzen, die Teppiche, die Möbel originäre Kunstwerke. Schürmann wohnt in einer

WILHELM UND GABY SCHÜRMANN bewohnen eine sich ständig wandelnde Werkschau (Video-Installation von Julia Scher, Teppich von Albert Oehlen). Den Grundstock seiner Sammlung zeitgenössischer Kunst legte das Paar mit tschechischen Fotos der dreißiger Jahre, die es 1984 dem Getty-Museum verkaufte

WOLFGANG STROBEL trat mit 18 Jahren, in der heißen Zeit von Fluxus und Happenings, dem Kölner Kunstverein bei. Zunächst sammelte er von Künstlern gestaltete Bücher. Als das Museum Ludwig neu eröffnet wurde, schenkte der Radiologe der Sammlung ein Werk von Rosemarie Trockel und Carsten Höller

beständigen Vernissage. „Wir sind andere Menschen geworden durch den Umgang mit der Kunst", sagt er.

Sammeln heißt, um sich herum eine Welt zu erschaffen. Eine kleine rationale Gegenwelt zum Wirrwarr des Realen, die das Wirkliche kommentiert, imitiert oder schamlos verspottet. Wer wie Schürmann Kunst sammelt, treibt diese schöpferische Geste auf die Spitze. Schürmanns Haus, angereichert mit Œuvres, ist selbst ein Werk. Seine Kollektion gehört zu jenen Ensembles von Bildern, Videos, Skizzen und Skulpturen, die den Kurs der Kunstgeschichte prägen werden.

Und deren Weg führt unweigerlich durch Köln. „In unserem Land gibt es vielleicht 300 Sammler, die ernsthaft Geld ausgeben", schätzt Schürmann, „aber nur ungefähr eine Hand voll bringen ihr Metier voran", sie beeinflussen durch die Auswahl der Werke den Kanon der Kunst. Gleich mehrere von ihnen sitzen in und um die Stadt am Rhein. Köln ist Deutschlands Hochburg der privaten Sammler. Hier haben schon immer Bürger die Bilder zusammengetragen, nicht höfische Mäzene, die sich in schmeichlerischen Konterfeis an langen Wänden bespiegeln wollten.

Gerade die Auflösung feudaler Bilderschätze führte zur Initialzündung rheinischer Kunstkollektionen. Bedeutende Sammlungen entstanden, als im 19. Jahrhundert viele Kunstwerke aus klerikalem Besitz der Öffentlichkeit zugänglich wurden – wie die Bestände des Kanonikus Ferdinand Franz Wallraf, die den Grundstock des Wallraf-Richartz-Museums legten. Auch einer der bedeutendsten europäischen Tempel für moderne und zeitgenössische Werke, das Museum Ludwig, ist aus Privatkollektionen der Industriellen Peter Ludwig und Josef Haubrich hervorgegangen.

„In Köln sammeln Brauer und Buchverleger, Ärzte und Juristen – nicht nur intellektuelle Kunstfetischisten", sagt der Radiologe Wolfgang Strobel, selbst ein obsessiver Käufer. Kunstförderndes Engagement, Mäzenatentum, die Leitung eines Kunstsalons oder Vereins zur Förderung junger Schaffender scheint in Köln geradezu Bürgerpflicht wie anderswo social welfare. Mehr als 100 Galerien sorgen für den richtigen Geschmack ihrer Käufer ebenso wie die allherbstliche Art Cologne, Deutschlands größte Verkaufsmesse für Kunst.

Diese Dichte hat Köln den Ruf eingetragen, im Verhältnis von Galerien zu Einwohnern selbst New York hinter sich zu lassen. Und sie wirkt als Wertschöpfungsmaschine: „In Köln herrscht durch die Konkurrenz zwischen Sammlern ein Klima der Überbietung", sagt ein Connaisseur. Wer aufs richtige Bild gesetzt hat, profitiert von gewaltigen Preissteigerungen durch die hohe Nachfrage.

Doch Investition in Kunst als Geldanlage zu betrachten, hieße den Typus des Sammlers verkennen. Wer sammelt, will nicht verdienen wie ein Aktienkäufer – auch wenn sich Kunst im derzeitigen Dauercrash als hochsolider Wert erwiesen hat und neuerdings Magazine wie *Art Investor* ästhetische Spekulanten beraten.

Wer sammelt, will besitzen. Will haben im ureigensten Sinn des Wortes, in dessen infantiler Totalitätsdimension, will die Werke berühren, sie zu jeder Zeit, auch um drei Uhr nachts, anstarren können. Will bedingungslos über sie verfügen. Sie notfalls mit Gönnergeste einem Museum schenken. „Kommen Sie und spüren Sie, wie geil sich das anfühlt", flüstert in seinem Büro ein sonst würdiger, gelassener und erfolgreicher Jurist, während er verklärt über die Unebenheiten einer grünblauvioletten David Reed-Leinwand streichelt: „Ich gebe zu: Ich will besitzen, ich will anfassen!"

Von Kunst Besessene leben auf Pump, räumt der Collecteur Wolfgang Strobel ein. Sie verreisen nicht, fahren keine teuren Autos, leben asketisch. Nur nicht in ihrer Obsession. Sie nehmen bereitwillig Hypotheken auf Erworbenes auf, um Neues zu kaufen. Der Preis des Werkes ist der Preis der Verehrung. Das ächzend aufgenommene Kapital wird zum Gradmesser, was ein Verfallener zu tun bereit ist, um in den Besitz des angebeteten Objekts zu kommen.

Wer sammelt, liebt. Versteht ohne Worte und begrüßt ironisch lächelnd die abstraktesten Œuvres, die dunkelste, abgründigste Bildersprache, die gewagteste Anspielung auf die verhinderte Lesbarkeit der Welt. Verzehrt sich nach Arbeiten wie Walter de Marias großem Bild mit dem fast unsichtbar auf leere Leinwand gehauchtem Wort „word". Wer dem Kaiser dient, sieht ihn niemals nackt. Und es ist ausgemacht, dass nur ein Sammler, aber kein Kritiker „je ein Kunstwerk verstehen kann, denn ein Kunstwerk wirklich zu verstehen, bedeutet, dieses Kunstwerk für die eigene Sammlung zu kaufen – und keineswegs bloß darüber zu schreiben", sagt der Kritiker Boris Groys.

Das Unzugängliche zeitgenössischer Kunst ist für den Sammler Anreiz, zuzugreifen. Sein Geschmack ist geradezu paradox vernervt: „Manche Dinge mag und begreife ich zuerst überhaupt nicht", sagt Wolfgang Strobel, dessen Praxis nicht nur mit PET-Grafiken vollhängt. „Nur was ich nicht mag, ist auf der Höhe der Zeit", sagt ein anderer. Der Widersinn besteht aber oft darin: Ob eine Arbeit auf der Höhe der Zeit ist, wird auch daran gemessen, wie sie sich verkauft.

Der Zusammenhang, den große Sammler zwischen den Werken erfinden und errichten, saugt Künstler an oder spült sie fort ins Vergessen. Denn was Kunst ist, bestimmt seit Marcel Duchamps zu einem dadaistischen Modellfall geadelten Pissoir nicht mehr die Schönheit einer Arbeit und schon gar nicht, ob ein ungeschulter Betrachter sie versteht oder gar mag. Das Ansehen eines Kunstwerkes errechnet sich aus seiner Beziehung zu anderen Werken – historischen wie aktuellen. Sein Wert erscheint daher oft als Konvention einer Geheimgesellschaft, ein Übereinkommen, das Künstler, Kritiker, Galeristen und Sammler in einem raffinierten Spiel immer wieder neu aushandeln.

Weil aber ein Kunstwerk nur an diesem Spiel teilnehmen kann, wenn es begehrt und auch gekauft wird, sind Sammler die stillen Drahtzieher. Die Maulwürfe der Kunstgeschichte. Sammler entscheiden, dass derzeit die ironische, augenzwinkernde Kunst, die sich selbst ad absurdum führt, mehr gilt als großes Pathos, auch wenn das oft schöner ist. Bewirken, dass der charismatische Kölner Amok-Maler Martin Kippenberger gefragter ist als die ehemals hochgejubelten Künstler der Mülheimer Freiheit wie Peter Bömmels oder Walter Dahn.

Kippenberger wohnte zu seiner Kölner Zeit im Hotel Chelsea, das der gelernte Philosoph Werner Peters als Anlegestätte und letzten Hafen für Künstlerexistenzen schuf. Er ließ die alte Avantgarde-Rechnung wieder aufgehen: Bett gegen Bild. Und Kippenberger zahlte gut, hinterließ mit wegwerfender Geste Werk um Werk dafür, dass er bis in die Morgenstunden im Hotelcafé erfinden und schwadronieren durfte. Heute hängen in den Zimmern wie beiläufig die Arbeiten ihrer ehemaligen Bewohner, und der stille und so altmodisch humane Peters sitzt in einer der größten Kippenberger-Sammlungen.

Wilhelm Schürmann besitzt 300 Kippenbergers – große deutsche Elegen, deren Namen er nicht einmal nennnen will, hat er hingegen in einem „Befreiungsschlag“, wie er sagt, aus seiner Sammlung eliminiert. Weggeschossen von todernsten Ulk-Werken wie Jason Rhoades' funktionsfähiger „Potato Gun“ aus Abflussrohren und Gummiband, „pulverisiert“ von Kippenberger-Anschlägen wie der geradezu terroristischen Umnutzung eines echten Richter-Bildes in eine schlichte graue Tischplatte.

„Die Glaubwürdigkeit des Künstlers muss immer neu verhandelt werden. Er muss sich selbst aufs Spiel setzen und das Risiko einer Blamage eingehen“, sagt Schürmann – wie Albert Oehlen in seinem „Selbstbildnis mit verschissener Unterhose und blauer Mauritius“, das Schürmann natürlich besitzt: eine Arbeit, welche die blaue Blume des Genies schlicht verarscht. Schürmann hält ein Werk für geglückt, wenn es nicht mit genialischer Geste daherkommt, sondern als ironisches Fragezeichen. Wenn es in sich selbst den Prozess zur Sprache bringt, der etwas zu Kunst macht. Wenn es göttlicher Inspiration fröhlich ins Gesicht lacht. Kunst, wie Schürmann sie meint, ist eine Ironieattacke auf Heuchelei und falsches Pathos.

Doch Nichteingeweihte bleiben in diesem kabbalistischen Schaukampf leicht außen vor: Wer stoppt im Ludwig-Museum nicht vor dem gelben Gemälde mit den zwei Vögeln? Wer aber weiß, dass Kippenberger sich hier über Georg Baselitz' „Adler“-Serie und Marcel Broodthaers „Adler-Museum“ lustig macht?

Nur der Sammler versteht, und er wird darüber zum Mitautor. Reiner Speck, Urologie-Professor und wohl

REINER SPECK verehrt Künstler wie Kounellis, Twombly und Weiner, die in ihren Bildern gern mit Wörtern und Buchstaben spielen. Worte sammelt auch Speck: Als Präsident der Marcel Proust Gesellschaft besitzt er bedeutende Handschriften des Dichters, außerdem viele Petrarca-Manuskripte

wichtigster privater Kunsteigentümer des Rheinlandes, spinnt die Dinge, die in seinen Besitz gelangen, mit der kriminalistischen Selbstaufgabe eines Richters Falcone weiter aus. Specks Sammlung umfasst nicht Kunstwerke allein – der Mediziner ist gewiss Deutschlands bedeutendster Sammler von Polke, Twombly, Kounellis und Byars – sondern auch Werke über Werke: Bücher, Kataloge, Briefe, Postkarten; ein metastasierendes Archiv, das seine Zellfäden tief in die Lebensfasern des Sammlers eingesenkt hat.

Für Polkes simples und zugleich hermetisches Bild „Tischrücken" etwa trieb Speck einen verschollenen parapsychologischen Wälzer auf, der den Künstler nachweislich inspiriert hatte. Auf den Shows seiner Trouvaillen stellt er das Buch zusammen mit dem Gemälde aus, voll Mittäter-Stolz. Schon ein Bild zu erhalten, ist bisweilen ein Kraftakt: Einmal kurvte der kaufhungrige Speck tagelang vor Polkes Tür auf dem Fahrrad herum wie ein verliebter Schuljunge.

Solches Extrem-Sammeln ist künstlerische Arbeit, weil es einem Werk den Kunststatus erst verleiht. Im Prozess der Selbstbespiegelung führt der Sammler Regie. Sein Werk ist das Arrangement der Werke: „Den Zwischenraum zwischen den Dingen neu zu verzwirbeln, ist mein Ding geworden", sagt Schürmann. Der Nachschaffende überholt den Erfinder: In einer Zeit, in der es keine letzte Wahrheit mehr gibt, sondern nur konkurrierende Auslegungen, ist der Exeget der wahre Autor. Ein „Parakünstler", wie Speck sagt.

Dessen Aura pflegt der Arzt bereits in seinem Auftritt. Distinguiert gekleidet, mit gepflegtem Schnurrbart und souverän ruhiger Stimme, belebt er einen verlorenen Typus europäischer Zivilisiertheit: den Flaneur, den gebildeten, sensiblen und schwer melancholischen Müßiggänger, den Baudelaire, Proust und Benjamin gepriesen haben – einen Menschen, den seine Existenz zwischen erlesenen Gegenständen nicht befriedigt, sondern vor allem an die Abwesenheit des Glücks erinnert. Für den alles uneingelöste Verheißung ist, leuchtend vor verpasster oder versagter Fülle des Lebens. „In einer Welt der dinglichen Überschwemmung ist der Sammler einer der wenigen, die bewusst und leidend Verzicht üben", sagt der Connaisseur, streicht sich über den Schnurrbart und blickt unbestimmt in die Ferne. „Sammeln macht krank, bereitet schlaflose Nächte, löst Familienstreit aus und verschuldet", klagt er seufzend, aber sichtbar glücklich.

Gäste empfängt er im auratischen Gehäuse einer kostbaren Bibliothek, auf würdig gealtertem Parkett, über dessen Spiegelfläche Lederfauteuils zu ausgeklügelten Stellen im Raum geglitten sind, im Schutzbann deckenhoher Büchervitrinen und -regale, zwischen denen Licht vom Park hereinfiltert. Anna Amalia. Ein süßes Verlies. Ein stenographisches Kürzel von Welt, das die Totalität möglicher Fülle zwar bezeichnet, aber niemals wirklich einlässt.

„Ich bin ein Mann ohne Freunde", sagt Speck, der viele Künstler persönlich kennt und sie doch auch nach Jahren geflissentlich weiter siezt. Ohne Freunde in dieser Welt. Seine wahren Freunde ruhen in seinem Archiv. Hier führen sie ihr geisterhaftes Leben nach dem Tode, papierne Ansprechpartner, in denen sich das Antlitz des Besitzers bedingungslos, aber ohne Echo spiegeln darf. Speck gehört neben der Kunst die wohl vollständigste private Kollektion von Prousts Werken und Handschriften: ein Archiv über den Sammler der verlorenen Zeit.

Die Bibliothek ist der melancholische Ort schlechthin. In ihr ist das abwesende Leben real präsent. Wie ein Windschutz aus Parabolgläsern potenziert sie das Ich des Sammlers: Alles Geschriebene erscheint ihm als die Fortsetzung eigener Möglichkeiten. „Proust erkannte", sagt Speck, „dass jeder Leser, wann immer er liest, immer ein Leser seiner selbst ist".

Während des Gesprächs häufen sich langsam die Reichtümer auf dem Tisch des Speisezimmers, das durch eine Kassettentür vom Büchersaal getrennt ist. Zwischen vortrefflichem Käsekuchen und erstklassigem Touraine-Wein senkt sich Blatt um Blatt das Sediment gelebten und geträumten Lebens herab. Gewidmete Portäts von Twombly, an „Dear Dr. Speck" gerichtete, von Meistern gestaltete Postkarten, mit denen er in Verbindung stand, ein mit Beuys gemeinsam ausgeheckter Buchgag, Dokumente der Performance „The Play of Death", für die Speck das Kölner Domhotel anmietete, Pergamentschriften Petrarcas, Briefe Prousts an dessen Bruder, den Urologen. Magische Koinzidenzen. Selbstlektüre.

Wilhelm Schürmann präsentiert in seinem Wohnzimmer keine Bücher. Sondern fünf Monitore. Sie sind der Installation „Dirty Data" von Julia Scher entlehnt. Die Künstlerin hat ihre Arbeit als „The Schürmann House – Security by Julia" maßgeschneidert: Kameras äugen in Sammlungssäle und Wohnzimmer, mit einem Plotter lassen sich Bilder des Status quo und seiner Bewohner ausdrucken. Schürmann kann seine Bestände fotografieren und sich selbst als Betrachter darin, und dann diese Prints zu den anderen Werken hängen. Das ist das letzte Wort zur Obsession: Jeder Sammler ist vor allem ein Sammler seiner selbst.

Andreas Weber, *Jahrgang 1967, ist Redakteur dieses Heftes. Seit der Recherche deutet er seine fatale Passion für geliehene Bücher als Sammelinstinkt.*
Andrea Stappert, *Jahrgang 1958, lebt in Berlin. Die freie Fotografin hat sich auf Porträts aus der internationalen Kunstszene spezialisiert.*

WERNER PETERS kam zufällig zur Kunst. Der promovierte Philosoph kaufte ein altes Hotel, um die Bar im Erdgeschoss neu zu eröffnen. Aber das „Chelsea" wurde schnell zur In-Absteige für Künstler auf Durchreise und Dauergäste wie Martin Kippenberger, die ihre Werke in den Zimmern hinterließen

Auf dem Königsweg

Kasper König führt eine bedeutende Sammlung ins 21. Jahrhundert, sein Bruder Walther besorgt dazu die Literatur

KASPER und **WALTHER KÖNIG** sind Brüder aus gutbürgerlicher westfälischer Familie. Ihr älterer Bruder leitet die Farbenfirma Brillux, die beiden jüngeren ziehen die Fäden in der Kunstszene: Kasper als internationaler Organisator, Walther mit seiner beispiellosen Buchhandlung

Die Fenster sind wieder offen. Die provisorisch hochgemauerten Wände weggerissen, hinter denen Bilder und Skulpturen im musealen Halbdunkel der Vergessenheit entgegenbrüteten. Die Sackgassen durchstoßen, in denen die Kunst der Moderne erstickte, fünfzehn Jahre nach der Eröffnung und fünf glücklose Direktoren später. Fortgefegt das Klinkerambiente einer protestantischen Begegnungsstätte.

Licht und Luft wirbeln durch das wiedergeborene Museum Ludwig. Saal um Saal geben sich die Räume den Blicken hin, fliehen in einer Kaskade von unterkühlten Schatzkammern, streng, schlicht, großzügig. Hier hat ein Herrscher gewaltet, hat alte Besitztümer und neue Begierdeobjekte in einem souveränen Wurf so hingeschleudert, dass sie Funken schlagen. Zur Eröffnung am 1. November 2001 entfaltete sich das Museum Ludwig wieder als das, was es ist: eine der bedeutendsten Sammlungen von Kunst des 20. und 21. Jahrhunderts.

„Das muss alles weg hier", hatte Kasper König bei der Besichtigung der verbauten Räume angekündigt, vor seinem Amtsantritt als neuer Direktor im November 2000. Für solche Großspurigkeit ist der Mann berühmt, der kein kunsthistorisches Seminar von innen gesehen hat, der noch nicht einmal ein Abitur braucht, um einer der gefragtesten Macher der Weltkunstszene zu sein. Für solche Großspurigkeit ist er begehrt: König wurde von den Regierenden der verblassenden Kunstmetropole Köln gerufen wie ein Magier, der einzig noch das Wunder der Erweckung vollziehen kann.

Der 57-jährige Hüne, an dem der Anzug immer irgendwie beiläufig herunterhängt, ist ein Quereinsteiger. Rudolf Hans König kappte seine bürgerlich-maßvollen Wurzeln und seinen Vornamen gleich mit, legte sich „Kasper" als kühl-ironisches Omen zu, als er in den Sixties durch die Szenen von London und New York tingelte und zwischendurch auch mal zwei Jahre zur See fuhr. Seine ersten Bücher veröffentlichte König mit 30, die erste Ausstellung managte er mit 23 Jahren. Auf der dritten documenta 1964 organisierte er die Zeichnungsabteilung. Die „Skulptur. Projekte in Münster", die umstrittene Nachkriegsschau „Westkunst" 1981 in Köln und die Düsseldorfer Ausstellung „Von hier aus" (1984) brachten dem Macher so viel Ruhm, dass ihn 1989 die Frankfurter Städelschule als Rektor rief.

Auch dort mischte König auf: Er verpflichtete internationale Stars wie den Soziologen Richard Sennett als Gastdozenten und eröffnete sofort einen elitären Showroom junger Künstler. In die Containergalerie Portikus

Die Skulpturen von Thomas Schütte („Ohne Titel", 1999/2001) relativieren die Dominanz des riesigen Treppenhauses

lud er Newcomer, die schnell zu festen Größen wurden. Doch ein ehrwürdiges Museum leitete König noch nie.

„Damit fallen Sie voll auf die Schnauze", hatten Hamburger und Berliner Kollegen den Parvenü gewarnt. Das Ludwig war ein kultureller Koma-Patient: Zwar besaß es mit der Pop-Art-Stiftung des Namensgebers Peter Ludwig die weltweit beste Kollektion dieser Richtung. Auch die Sammlung der klassischen Moderne, die Josef Haubrich schon 1946 der Stadt vermacht hatte, setzt Maßstäbe. Doch Neues kam immer weniger hinzu. Kaum einen Pfennig hatte die Stadt in den letzten Jahren für weitere Käufe herausgerückt.

König indes kommt gleich an mehr Kohle, das war Bedingung. Jährlich eine halbe Million Euro bewilligte das Kulturdezernat, und auch die Ludwig-Stiftung unter Leitung der Sammlerwitwe Irene ließ sich auf Königs Handel ein: noch einmal eine halbe Million, wenn er eine dritte halbe besorgt. Und er wird sie kriegen. So wenig König sich den Papierberg akademischer Weihen emporgearbeitet hat, so gut kann er mit denen, die das Kunstgeschäft voranbringen. Seine Agenda ist legendär, dick wie das Kölner Branchenbuch und enthält die Koordinaten von Bundespolitikern und Kunstgrößen. König ist ein Superstringer. Er kennt sie alle: die Werke, ihre Macher, ihre Verkäufer, und ihre Besitzer.

Und natürlich wucherte er für Ludwigs Wiederkunft mit diesen Optionen. Den Finanz- Push will er, neben einigen Posten für Kunsthistoriker, in eine Totalerweiterung der Sammlung schießen. Und König wäre nicht König, wenn er die avisierten Objekte nicht bereits zur Eröffnung 2001 in den Händen gehalten hätte, viele geborgt, andere von euphorisierten Privatsammlern schon geschenkt.

„Museum unserer Wünsche" heißt das Motto, unter dem König die auf ihre Art einmaligen Bestände des Hauses updaten, mit Geschichte und aktueller Entwicklung vernetzen möchte. Darum ließ er nach dem Auszug des Wallraf-Richartz-Museums nicht nur 14 Container Schutt von nun überflüssigen Wänden aus den Hallen räumen, sondern auch 72 Werke des vorherigen Bestandes. Dafür hat er 60 Wunschobjekte dazugestellt, oft unter Missachtung der Grenzen von Genre und Stil – geliehen und gemischt.

Das ist natürlich Scharlatanerie auf hohem Niveau. Die aber mitreißt. Die spielt, und spielerisch Ernst macht. Und so Altlasten relativiert, die sich von Historie schwergesaugt haben, sie wie frisch geduscht neu und leicht zusammenfügt. „Warhol ist für eine jüngere Generation schon Geschichte", meint König und will diese zugleich komplettieren und auffrischen.

So hängen Warhol und die anderen Pop-Artisten wie Lichtenstein, Johns, Rauschenberg, Oldenburg und Stella brav wie alte Meister nebeneinander in einem schlichten Saal, der doch viel schöner ist als der „Amerikanersaal", der diesen Schwerpunkt vorher zeigte. Die neu dazu gekommene Frau-Kuh-Ikone „Holstein" von John Wesley macht alles spielerischer, der Blick

Museum Ludwig

kann an den „Cars" von Robert Watts vorbei die neu freigebrochene Treppe hinaufwandern. Licht und Atem, allerdings auf Pump: Wesley und Watts tragen Silberschildchen, Sehnsuchtsetiketten wie auf allen Exponaten, die begehrt und noch nicht bezahlt sind. Nur wenige sind mit goldenen Kärtchen schon den Beständen verbucht.

Geschenkt ist der „Glückspfennig" von 1943, den der Künstler Andreas Slominski 1995 auf einem Maulwurfshügel des Konzentrationslagers Buchenwald fand. Das winzige Ding liegt jetzt in einer Vitrine neben den „Helmen" von Lüpertz und demontiert leichtfüßig das Pathos des einstigen deutschen Heroensaals, zu dem auch Baselitz und Immendorf gehören.

Mehr braucht es nicht. Es ist diese Geste der flapsigen Relativierung, die aus dem scharfen Witz eines krassen Bruches die Poesie ausdestilliert, auf die König setzt. Es ist die Kippenberger-Geste, die poetische Verweigerung, die Überzeugung, dass Sinn immer nur im Reiben der Werke aneinander entstehen kann.

Wie der Chefkurator selbst, so vereint die Hängung bewusst Widersprüche, verklammert Begehren und Wirklichkeit, stellt Inspirateur und Inspiriertes nebeneinander und zersplittert Epochen. So hängt ein schlichtes Keramikrelief des heute über 80-jährigen Elektro-Kunst-Pioniers Karl Otto Götz neben Nam June Paiks um Jahre älterer Fernseher-Skulptur „Brandenburger Tor". König zeigt, dass Kunstwerke als Dialoge gedacht werden müssen. Und, das allein ist vielleicht schade, dass es in ihnen nicht mehr um den Ausdruck eines Letzten geht. Die großen Metaphysiker der Moderne, Rothko etwa, hängen ein wenig verloren abseits.

König hat ein Museum für souveräne Liebhaber geschaffen, keine akademisch uneinnehmbare Bastion. Sammler und Galeristen waren es ja vor allem, die ihn für den Kunststandort Köln wollten. Berlin hat vielleicht die schicken Galerien und natürlich die großen Museen. Aber sei's drum: Ludwig 2001 ist moderner. Mit den AC/DC genannten neuen Wechselshow-Hallen, einer Art Portikus für Köln, durch die Mutation der Cafeteria in einen Club, mit Magnet-Ereignissen wie der Filmbar, wo Newcomer ihre Werke auf der Dachterrasse vorstellen, sommernachts, vor dem Silbernetz der Domstreben.

Im Laufe des Jahres 2002 soll dieser Glamour auch nach außen strahlen. Der holländische Großstadtarchitekt Rem Koolhaas baut den Eingangsbereich und dessen rot gefliestes Hallenbad-Ambiente zum Showroom mit Happening-Qualität und Publikumsdurchfluss um: die biederen Wände getarnt unter lichten Polycarbonatplatten, geöffnet zum Dom hin, von dessen tausenden Besuchern König ein Zehntel gerne als Flaniergäste ins Museumsfoyer ziehen will. Eine riesige mobile Büchervitrine hält den Kulturanspruch in der Skatern freigegebenen Passage aufrecht.

Die Bücher gehören auch einem König – Kaspers Bruder Walther. Ohne den der Weltmann Kasper vielleicht nicht wäre, wer er ist. Vielleicht hätte er nicht so viele internationale Bilder im Kopf, könnte er sich nicht auf die Bestände einer der größten und bestsortierten Kunstbuchhandlungen der Welt stützen.

Über zwei Kilometer Regal füllen die Etagen in Walther Königs Bau in der Ehrenstraße, 50 000 antiquarische Bände stehen hier neben allem Aktuellen aus der Szene. Auch Walther schmiss das biedere Handtuch, brach ein Jurastudium ab und wechselte zur Kunst über – als Buchhändler. 1969 eröffnete er seinen ersten Laden und avancierte rasch zum Bildergedächtnis der Kölner Kunstszene. Seine Buchhandlung ist schon lange ein moderner Salon, wo Sammler sich beim Blättern in neuen Künstlerbüchern treffen, die König in seinem Hausverlag in kleiner Serie veröffentlicht. In Münster, Düsseldorf, Bonn, Frankfurt, Berlin und Nürnberg hat König inzwischen Filialen. „Kunst ist für unsere Kunden einer der wichtigsten Faktoren im Leben. Sie sparen eher woanders, als keine Bücher mehr zu kaufen", erklärt er seinen Erfolg, der so gar nicht mit dem anderswo im Buchhandel üblichen Niedergang übereinstimmt.

Mit Sicherheit ist dies ein Kölner Glücksfall: Dass seine Kultur zwei Könige regieren, die Staub und Stagnation abbürsten mit dem ältesten und immer wieder frischesten Mittel: mit Leidenschaft, die nicht nur auf Kassengeklingel hört und nicht auf das bedrohliche Rumsen akademischer Aktenschränke. Eine künstlerische Dynamik. „Die Königs sind absolute Gasgeber", sagt ein dankbarer Sammler.

Andreas Weber

(▶*siehe Magazin S. 131)*

Museum Ludwig

1925 Geburtsjahr Peter Ludwigs
1951 Heirat mit Irene Monheim, Leitung des schwiegerelterlichen Schokoladenkonzerns. Gemeinsame Sammeltätigkeit
1976 Stiftung von 284 aktuellen Werken an die Stadt Köln. Das Museum Ludwig kommt im Wallraf-Richartz-Museum unter und übernimmt dessen moderne Bestände (so die 1946 von Josef Haubrich überlassenen Expressionisten)
1982 Gründung der Ludwig-Stiftung, deren Bestände jetzt weltweit vertreten sind, so in Aachen, Wien, Budapest und Peking
1986 mit dem Wallraf-Richartz-Museum Umzug in den Neubau am Dom
1996 Tod von Peter Ludwig
2000 Das Wallraf-Richartz-Museum zieht in einen Neubau (s. S. 12)
2001 Irene Ludwig schenkt dem wieder eröffneten Haus 744 Werke Picassos

Ab 1986 setzte das Sheddach metallische Kontraste zum Dom

EINFACH MAL AUSSTEIGEN:
SCHON BEI DER ANKUNFT IST DER
ALLTAG VERGESSEN.
Four Seasons Resort
Hualalai im historischen
Ka'upulehu auf Hawaii
FOUR SEASONS
Hotels and Resorts
Lassen Sie sich verzaubern. Von einer paradiesischen Welt, die Ihnen in bester Erinnerung bleibt. Wo sich Service und Ambiente mit schönsten Aussichten messen, gewinnen Sie die außergewöhnlichen Perspektiven, die Ihnen nur ein wacher Geist schenken kann. Für Ihr Wohlbefinden sorgen indes die dienstbaren Geister im dezenten Hintergrund. Von Bali bis Palm Beach erwarten Sie im Four Seasons unvergessliche Erlebnisse. Reservieren Sie in Ihrem Reisebüro, rufen Sie uns an: 069/664 19 826 und 00800/6488 6488 – oder schauen Sie mal vorbei: www.fourseasons.com
FÜNFZIG HOTELS. ZWEIUNDZWANZIG LÄNDER. EINE PHILOSOPHIE.
©2001 Four Seasons Hotels Limited

Hier bin ich Mensch,

Text: Lena Kugler, Fotos: Sabine Lubenow

hier darf ich's sein

Der EIGELSTEIN ist Heim für alle. Seit der Antike besiedelt, bewahrt das Viertel bis heute volksnahen Charme: tolerant und spießig, großherzig und urwüchsig. Aber nie humorlos

Fremdenpolizei auf der Weidengasse. Den Motorroller von Wachtmeister „Phari" steuert Herrchen aus der Ferne

LEITKULTUR IST EIN KIND DER STRASSE. **In der Weidengasse öffnete Anfang der siebziger Jahre Kölns erster türkischer Laden**

Raphaela und Maricel wurden auf dem Eigelstein groß. Jeder fünfte Kölner ist ausländischer Abstammung

Der Eigelstein, Hauptstraße des Quartiers: ein paar hundert Meter Einkaufsmeile zwischen Ebertplatz und Dom

I. DAS IST HIER SO: Man fällt von den Schienen des Hauptbahnhofs erst auf den Dom zu, lässt ihn aber stehen und kehrt ihm ein paar Meter lang den Rücken, als gäbe es ihn nicht. Man geht unter Gleisen und über große Straßenkreuzungen und dreht sich erst dann um. Jetzt ist der Dom wieder da, er ist so nah, dass man nicht sicher weiß, ob es vielleicht an seinem Schatten liegt, dass die Straßen hier eng und die Häuser so schmal sind. Fast jedes Fenster blickt auf seltsame Weise zum Dom. Und der Bahnhof hält Hof hinter der Bahn, vergisst die Ermahnung, was das Überschreiten der Gleise betrifft.

Man hat mir gesagt, dass die Probleme am Eigelstein ganz typisch wären für ein Viertel hinter den Schienen: Drogen und Prostitution, ein Kommen und Gehen der Waren und Menschen, und im Hinterhof-Kindergarten steht ein ausrangierter Waggon mit Blumen an den Fenstern und zeigt mit der Kupplung zum Dom und zum Bahnhof.

II. GEGENÜBER VOM WOHNPROJEKT für Drogenabhängige liegt ein verglaster schmaler Gang, in dem telefoniert mehrmals die Woche der Veedelsmanager, der sich an seiner Pinnwand mit Zeitungsartikeln wie in einem Spiegelkabinett vervielfacht, mal im Profil, mal der direkte

RÖMER ERRICHTETEN **vor 2000 Jahren die ersten Häuser am Weg, der nun Eigelstein heißt. Heute ziehen Neubürger aus aller Welt in deutsche Nachkriegsbauten ein**

Ali Balabans „Bosporus“ ist der edelste von zwei Dutzend türkischen Gastronomiebetrieben im Viertel

NACH DEM KREUZZUG der Straßenplaner gegen Kölns alte Viertel wurde der Eigelstein zur Insel. Eine Enklave, in der Nachbarn noch miteinander sprechen

Tatort Turiner Straße: Dieser Abschnitt der „Nord-Süd-Fahrt“ zerteilt das Viertel seit den sechziger Jahren

Wo heute Züge zum Hauptbahnhof rauschen, befand sich noch im 19. Jahrhundert der Botanische Garten

In Nikolaous Laden prahlt Rudi mit seinem Reichtum. Der 87-Jährige schläft unter den Eisenbahnbögen

Blick aus dem Bild, dann mit weit ausgestreckten Armen unter der Überschrift: Der Retter vom Eigelstein. Ein bisschen peinlich sei ihm dieser Titel ja schon, meint er verlegen und kopiert mir den Artikel nur ungern. Das groß gerahmte Foto mit Widmung des Bürgermeisters, das auf einem blumengeschmückten Tischchen steht, zeigt er da lieber.

Seine Stelle verdankt der Veedelsmanager der „SoKo Veedel", einer mediengestützten und von Geschäftsleuten mitgetragenen Bürgerinitiative, die sich dafür einsetzt, dass der Eigelstein attraktiv und niveauvoll wird. Zum Beispiel die Kunst: Es gibt jetzt zwei Galerien. Wobei eine ein Installationsprojekt einer jungen Künstlerin beherbergt, einen sich wandelnden Raum, momentan ein Konferenzzimmer mit Bürotischen und Stühlen vor den hell gekachelten Wänden, die nicht aufhören, nach Fisch zu stinken, selbst Wochen, nachdem das Fischgeschäft ausgezogen ist, weil die Miete sich plötzlich verdoppelt hat.

An den Tischen, die nicht einmal grün, sondern nur abgestoßen braun sind, sitzt niemand, und ob der Geruch hier

Anke Koch besitzt einen Blumenladen. Sie verkauft aber lieber vor der Tür des Supermarkts ein paar Straßen weiter – Lächeln gratis

Im 14. Jahrhundert stand hier ein Brauhaus neben dem anderen. „Em kölsche Boor" (Im Kölner Bauern) wird die Kneipenkultur aufrechterhalten

Konzept ist, kann mir keiner beantworten. Ich zeige die kopierten Zeitungsartikel herum, doch die meisten hier kennen den Mann mit den ausgestreckten Armen nicht. Wieso mehr Blumenkübel?, fragt mich einer, es ist hier schon bunt, und zeigt auf Gemüse und Obst, das von den Läden auf die Gehwege wächst.

Als ich zurückkomme, ist das verglaste Büro schon ganz dunkel, sogar der kleine Altar mit den Blumen ist kaum zu erkennen: ein Männergesicht mit Schnurrbart, das sich mit anderem Namen und leicht verwandelt an der Pinnwand hoffnungsvoll wiederholt.

III. HIER KENNT MAN JEDEN, sagt der Mann im Hotel. Aber mich kennt man nicht, weshalb die Zimmerpreise wohl auch plötzlich steigen, zu meinem Zimmer im fünften Stock komme ich nur unter Mühen und durch ein Treppenhaus, in dem Fahrräder, Klappbetten und bunte Putzeimer stehen. Der Eigelstein liegt unter mir und ich unter dem Dom. Wenn man von hier kommt, sagte Yilmaz, schaut man gar nicht mehr hin, meinte Theodorus, denn daran erkennt man bloß die Touristen, schloss der Verkäufer vom Iran-Shop und zeigte zur Tür. Und ich dreh' mich zur anderen Seite, wo schon wieder der schieneneingefasste Dom steht.

IV. DIE BUCHHANDLUNG TÜRKEI gibt es nicht mehr. Sie heißt jetzt Buchhandlung am Eigelstein, umgezogen ist sie auch. Die türkischen Bücher, darunter Freuds „Traumdeutung", stehen versteckt im kleinen Hinterraum. Jetzt haben die Deutschen keine Angst mehr, nichts zu verstehen, sie kommen herein und kaufen, als hätte man ihnen ihre Sprache wieder gegeben. Es ist seltsam, meint der Besitzer, den ich mag, obwohl er mein Buch neben Hera Lind ins Frauenregal gestellt hat: Früher hießen wir „Türkei", auf der einen Seite standen die deutschen, auf der anderen die türkischen Bücher, die Menschen kamen in den Laden, und haben nur Türkisch gesehen, als könnten sie nicht mehr lesen. Habt Ihr auch deutsche Bücher?, haben sie gefragt und standen neben Grass und Walser und Goethe. Und jetzt kaufen sie das hier – und er hält mir die deutsche Koranübersetzung, eine Biographie von Bin Laden und ornamentgeschmückte Bände entgegen: Was ist der Islam? Er zuckt mit den Schultern. Alles von den Hethitern geklaut: Islam, Christentum, Judentum. Lauter Märchen. Dann holt er Gebäck und legt Bin Laden wieder neben die Kasse.

V. JESSICA IST NICHT MEHR DIE JÜNGSTE. Ihr Blick ist wässrig, staksig ihr Gang, und als sie vor mir steht, riecht sie auch nach altem Hund. Ihr Fell aber, das sie an den Beinen und unter dem Kinn lang, sonst aber akkurat kurz geschnitten trägt, glänzt frisch gestriegelt vor den leicht angestaubten Toupets im Schaufenster ihres Besitzers. Der greift in seine Umhangtasche, vorbei an den verschieden breit gezinkten Kämmen, und holt zwei schon krümelige Frolics heraus, die er mir wortlos in die Hand drückt. Und plötzlich, Jessicas Zunge auf meiner Hand, finde ich es sehr angenehm, dass es hier am Eigelstein noch richtige Herrenfriseure gibt, solche, die einer Frau zwar zwei Frolics, aber nie einen Platz vor dem Frisierspiegel anbieten würden. Der Damenfriseursalon nebenan, ein fensterloser, schmaler Raum, der nicht von Jessica bewacht

Großfamilie Ziegenhagen führt eines der wenigen Hotels am Eigelstein. Viele andere Etablissements sind Stundenlokale

Ömer Özerturgut verdiente erst Geld, als seine Buchhandlung nicht mehr „Türkei" hieß. Das Sortiment blieb das Gleiche

wird, ist schon geschlossen. Überhaupt ist Jessica fast der einzige Hund, der mir am Eigelstein begegnet. Es gibt hier mehr Katzen. Mit zerfetzten Ohren liegen sie auf Fenstersimsen, auf Tischchen und Hockern, die vor den „Alträuchern", den Trödelläden, stehen, bewegen sich kaum, sehen fast ausgestopft aus, und vielleicht sind sie es auch, haben Glassteine statt Augen, sind gepolstertes Fell und überkommener Nippes neben dem Hausrat.

VI. AN EINEM FENSTER sitzt Petra und wartet. Sie beginnt erst zu lächeln, wenn jemand an die Fensterscheibe tritt. Sogar mich lächelt sie an. Als ich meine Frage auf ein Stück Papier schreibe und ihr zeige, lacht sie sogar, schüttelt dann aber den Kopf. Wenn ich jetzt an ihrem Fenster vorbeikomme, ignoriert sie mich, blickt über mich hinweg, dass ich anfange, mich sehr zu genieren. Petra ist ein wenig wie der Dom.

VII. ALS ICH DIE STUFEN in den Club der anatolischen Geschäftsleute heruntersteige, schickt man mich zu Machmud. Machmud ist nicht wie der Dom, eher wie der Bahnhof, mit ihm kommt man an und fährt weiter: Machmud besucht nur noch selten die Freunde, die mehr Glück mit den großen und kleinen Geschäften am Eigelstein hatten als er. Seit selbst das Verkaufen von Versicherungen nicht mehr so läuft, fährt Machmud Bahn und schiebt den Getränkewagen durch die Abteile Richtung Köln und wieder zurück. Machmuds Lächeln, das ich so gut wie die ICE-Verbindungen kenne und hier wieder finde, war schon mehrmals der Grund, warum ich Instantkaffee von der Mitropa-Minibar trank. Mit viel Milch, sage ich immer, und Machmud greift an die Seite meines Sitzes, klappt mir das Tischchen über die Beine und legt neben den Pappbecher mit Kaffeebrühe vier kleine Plastikbehälter Sahne. Jetzt schenkt er mir Tee ein. Sein erster Job, noch als Junge, sei das Putzen der Markisen gewesen. Aufgewachsen sei er übrigens neben meinem Hotel, und der Besitzer kenne ihn wie einen Sohn. Wenigstens fast. Im Hotel frage ich nach. Machmud? Der Besitzer schüttelt den Kopf, sagt mir jetzt nichts, und zeigt auf die Glastür zur Straße. Außerdem Nordseite, was nützt da eine Markise.

VIII. WIE MAN ZU SO EINEM LOKAL KOMMT. Also erst einmal werde hier einfach nur getrunken, gefeiert. Mehr nicht. Wenn sich dann zwei fänden und rausgingen, dann liege das nun wirklich nicht an ihm. Und zweitens: Wie komme eine Mutter zum Kind? Ach, das wisse ich? Dann müsse er ja nichts mehr erklären. Das leuchtet mir ein, und ich krame wieder die Artikel vom Veedelsmanager hervor. Kenne er nicht. Nie gehört. Wozu man den brauche. Und ob ich die alten Photos von Chargesheimer kennte, von wegen Recherche. UKB – Unter Krahnenbäumen, so heiße Straße und Buch. Und Böll habe den Text dazu geschrieben. Sei jetzt neu aufgelegt. Und er sage nur eines: In Schwarzweiß würde Milieu selbst den Sanierern gefallen. Hier sei's halt bunter, ob's denen passe oder nicht. Da oben, an der Ecke sei immer der Karneval. Hier unten gehe er weiter: *Am Eigelstein es Musik – am Eigelstein es Danz / jo do pack dat decke Rita – dem Fridolin am Trallalalalalalala –*

IX. VON MEINEM HOTELFENSTER aus blicke ich auf vier schicke Dachterrassen. Eine in Terrakotta. Eine sieht fast marmorgefliest aus. Irgendwo in der Nähe wohnt Biolek. Und kauft hier ein. Sein Foto hängt signiert in jedem zweiten Lokal. Die Musikhochschule am Eigelstein bietet kostenlose Konzerte an, die einen vorzüglichen Ruf haben. Ich klappe das Chargesheimer-Buch zu, das ich in der Buchhandlung am Eigelstein gekauft habe und das von dem griechischen Feinkostladen, dem italienischen Restaurant, dem türkischen Juwelier und dem aus Berlin kommenden Friseur noch nichts weiß – und ich muss ganz kurz den Horizont absuchen, bevor ich den Dom wieder sehe. Denn das ist hier so: Man fällt von den Schienen des Hauptbahnhofes erst auf den Dom zu, lässt ihn aber stehen und kehrt ihm ein paar Meter lang den Rücken, als gäbe es ihn nicht. Man geht unter Gleisen und über große Straßenkreuzungen und dreht sich erst dann um. Und der Eigelstein liegt zwar hinter dem Bahnhof und unter dem Dom, aber die Bahnlinie ist eigentlich nur seine Verlängerung, zweigt von ihm ab, und das ganze Schienennetz ist seine großzügige, im Grunde aber völlig unbedeutende Bewegung hinaus, ist Machmud, wenn er sich zu mir beugt und dann klingelnd hinter den Abteiltüren verschwindet.

Lena Kugler, *Jahrgang 1974, lebt in Konstanz am Bodensee und in Berlin. Ihr Erstling „Wie viele Züge" erschien 2001 im S. Fischer-Verlag.*
Sabine Lubenow *begleitete die Menschen im Viertel über Monate mit der Kamera. Ihre Aufnahmen veröffentlichte sie 2001 im Buch „Veedelsköpp rund um den Eigelstein". Die Fotografin porträtierte auch den Rhein (s. S. 56).*

WIR GEHÖREN
ZU KÖLN.
Eine Freundschaft
fürs Lesen.
DAS KÖLNER BUCHHAUS
GONSKI
NEUMARKT 18a • 50667 KÖLN
www.bouvier-gonski.de

Eine Stadt sieht Rosa

Köln heißt die Hauptstadt der Homosexuellen, nicht Berlin. An keinem anderen Ort in Deutschland treten Schwule und Lesben offener und selbstbewusster auf

Text: Johannes Wetzel

Kölle aloha! Mit Südsee-Hüftschwung, Schätzchen! Nicht so steif wie: Kölle alaaf! Am grauen Rhein stehen, die hässlichen Nachkriegsbauten im Rücken, und an die Diseuse Georgette Dee denken: „Die Inseln Tahitis sind Perlen im Meer/ Hier lässt es sich leben, das fällt nicht schwer … aiaiai aloha“.

„Kölle aloha!“, Schlachtruf im schwullesbischen Karneval, ist die Liebeserklärung einer immer präsenteren Minderheit an ihre Stadt. Hella von Sinnen, Kölns prominenteste Lesbe, hat die Parole ausgegeben: Die Gay Community weiß zu schätzen, dass sie in Köln auf einer rosa Insel lebt.

Köln ist Deutschlands Schwulenhauptstadt, schreibt sogar der Kölner *Express*. Berlin kreischt Protest. Trotzdem: „Es geht nicht um die Anzahl der Gay-Locations, sondern um die Sichtbarkeit. In Berlin gibts mehr Sex, in Köln wird mehr gefeiert. Weil Kölner Schwule extrovertierter sind. Ein Muskelkult wie hier wird nur noch in Miami betrieben.“ Sagt Holger, 32, blond, sportlich. Wer das den Kölsch trinkenden Kölnern nicht zutraut, kann im Sportstudio Gym oder bei den Loveboat-Partys selbst nachsehen.

„Köln hat nicht die größte, aber die lebendigste, am besten in die Gesellschaft integrierte Szene“, sagt auch Unternehmensberater Michael Stuber und bittet in engem T-Shirt in seine Altbauwohnung. Stuber kann kompetent vergleichen: Er hat Berlin und Hamburg beim „Gay Marketing“ beraten.

Dass in Köln eine besonders offene Atmosphäre herrscht, bestätigen fast alle Homosexuellen, die sich hier niedergelassen haben. Das sei das rheinische „Leben und leben lassen“, sagen sie. Diese Liberalität könnte auf die internationale Orientierung der alten Handelsstadt am Rhein zurückgehen, ist vielleicht auch Erbe des toleranten rheinischen Katholizismus. Sogar Kölner Autobauer sind vorbildlich: Die Ford-Werke wurden für den Umgang mit Homosexuellen im Betrieb jüngst mit einem Preis bedacht.

Liberalität, die anziehend ist. Schätzungsweise 100000 Homosexuelle leben in Köln, das sind zehn Prozent aller Bürger und damit deutlich mehr als im Bundesdurchschnitt. Sie kommen und bleiben, wie Holgers Freund David, ein

Die Stadt demonstriert mit Charme, dass sie eine rosige Zukunft hat

Australier. Was finden Menschen wie er schön an dieser nicht gerade schönen Stadt? Antwort: dass Köln ein Dorf mit Thalys-Anschluss nach Brüssel, Amsterdam oder Paris ist.

Wer als Neuankömmling in Köln durch die Straßen zieht, trifft schnell alte Bekannte. Emigranten aus Bayern oder Schwaben fühlen sich sofort geliebt, wenn die Kassiererin grüßt: „Ihr Süßen, kommt gut nach Hause, Tschö.“ Fremde neigen dazu, das überzubewerten. Aber auch ein gebürtiger Kölner sagt: „Die Leute sind hier zugänglicher, in Hamburg fühle ich mich wie auf einem andern Stern.“ Die rosa Insel ist übersichtlich. Und doch ist Köln groß genug für drei Welten – die Lederszene in der Altstadt, die Jungen und Schönen rund um den Rudolfplatz und die Lesben am Rathenauplatz.

Gleichgeschlechtliche Paare flanieren Hand in Hand durch Ehren- und Mittelstraße. Im Mec underwear gibt's Höschen, im Città di Bologna Oberbekleidung dazu, in der Dom-Filiale mit der Paillettenfassade wartet dekoratives Personal in einer Mischung aus Kitsch und Designer-Chic. Ein eigener Wirtschaftszweig vermarktet inzwischen Kölns homoerotisches Selbstbild, zu dem unbedingt auch Kultur gehört (doppelt so viele Abiturienten wie im Bundesdurchschnitt). Daher steht in der schwulen Buchhandlung Zeuss ein Maria-Callas-Tisch neben Stapeln mit Comics des Kölners Ralf König. Mit „Der bewegte Mann“ und „Kondom des Grauens“ eroberte er auch Hetero-Herzen.

Samstag nachmittags sitzen die Dinks („Double income, no kids“) mit ihren Einkaufstüten im Café Era. Schwule haben keinen Nachwuchs und wollen das Leben in vollen Zügen

Schillernde Selbstinszenierung der Homosexuellen: Parade zum Christopher Street Day am Rhein

genießen: eine ideale Käuferklientel. Schwule Männer besitzen doppelt so oft ein Handy, reisen dreimal so viel wie Heteros, sind stärker auf Sauberkeit bedacht als die meisten Hausfrauen, haben mehr Spaß am Kochen.

Die Wirtschaftsmacht der homosexuellen Gemeinschaft spiegelt sich wider in Werbekampagnen der lokalen Telefongesellschaft NetCologne, im Erfolg von Kölner Unternehmen wie der Pride Company oder der CondomiAG und in der schwulen Infrastruktur vom Blumenladen bis zum Reisebüro. Inzwischen schneiden Unternehmen Angebote auf diese potente Zielgruppe zu: So gibt es eine American Express-Karte für homosexuelle Partner („Pride Card") und sogar schwul-lesbische Informationen vom Netzwerkbetreiber T-D1 fürs Handy.

Schwule Konsumkultur ist in Köln allgegenwärtig. Zum Beispiel im HL-Markt, dessen Hintereingang dem Café Era gegenüber liegt. „HL" für: „Homosexuell leben". An der Salatbar gibt es Community-Klatsch und Cruising zwischen den Regalen. Mit Men's Health im Einkaufswagen und natürlich Meister Propper – absolut „schwulaffin", sagen Experten, wegen der Sex-Ikone auf der Flasche. Motto: „Du bist die Clean Queen".

Bedenkt man, dass der Homosexuellen-Paragraph 175 im Kaiserreich eingeführt und erst 1994 endgültig abgeschafft wurde, dass aber heute sogar eine konservative Bastion wie der Deutsche Sportbund schwul-lesbische Vereine akzeptiert, dann wird der Fortschritt klar, den die neunziger Jahre brachten. Inzwischen, so Diederich Grosse-Wilde, der von Bottrop über die USA nach Köln kam, geht es für die Schwulen nicht mehr darum,

Sie sind schwul, sie sind stolz und stellen es in Köln gern zur Schau

akzeptiert, sondern als Bereicherung der Gesellschaft verstanden zu werden.

„Noch vor zehn Jahren waren Schwule und Lesben für die Politik kein Thema", sagt der braun gebrannte, jungenhafte Uli Breite, Vorsitzender des SC Janus, FDP-Fraktionsgeschäftsführer im Kölner Stadtrat und wie sein Fraktionsvorsitzender offen schwul. Aids war auch in Köln der Grund, dass sich Homosexuelle nicht mehr ignorieren ließen. Die Stadt habe damals „gut und schnell reagiert". Heute fließen, sagt Uli Breite, immerhin eine Million Euro an Projekte der Gay Community, darunter an die Aidshilfe und an den Checkpoint, erste Anlaufstelle für Schwule und Lesben in der Dom-Stadt.

Natürlich gibt es auch in Köln Gewalt gegen Schwule bis hin zum Mord. Ausgerechnet Kay Böger, der den Homosexuellen in der TV-Soap „Verbotene Liebe" nur spielt, wurde jüngst in Köln zusammengeschlagen. Nicht besser erging es einem Moderator des *RTL*-Schwulen-Magazins *anders trend*.

Und doch sind bittere Klagen selten. „In Köln haben wir es leichter als anderswo", sagt Uli Breite. Zum Beispiel bei Genehmigungen für explizit homosexuelle Gewerbebetriebe: „Da gibt es keine Schwierigkeiten. In Düsseldorf dagegen eine schwule Sauna zu eröffnen war ein Kampf, als würde deswegen das Abendland untergehen."

So avancierte Köln zu einem logistischen Zentrum der Gay-Szene. Schon seit 20 Jahren trainiert hier der heute größte schwul-lesbische Sportverein Europas. Der SC Janus verschaffte sich im Fußball schon mal mit einem 9:1 gegen eine „Heten"-Mannschaft Respekt. Seit 1991 sitzt der Völklinger Kreis, der Verband schwuler Manager, in Köln. Und *Queer,* Deutschlands bedeutendste Homosexuellen-Zeitung, hat hier ihren Sitz.

Heute hat *Queer* eine Auflage von über 100000 Exemplaren. Die CDU schaltete darin schon Anzeigen für die Kölner OB-Wahl. „Eine Sensation", sagt der junge *Queer*-Herausgeber Micha Schulze. Mit dem Slogan „Köln ist nicht schwarz und nicht rot, sondern bunt" versucht die konservative Partei eine neue elitäre Klientel zu umwerben. Die alte Garde der SPD tat sich mit der Öffnung schwerer – wohl auch darum gewann 1999 in der Homosexuellen-Hochburg eine CDU/FDP-Koalition die Wahl. Im Bezirk Köln-Mitte konnte sogar eine Transsexuelle ein Mandat erringen.

Auch der schwule grüne Bundestagsabgeordnete Volker Beck hat in Köln seinen Wahlkreis. Er prägte maßgeblich das neue Gesetz über homosexuelle Lebenspartnerschaften. Bereits in den ersten drei Monaten nach Inkrafttreten im August 2001 ließen sich über 150 Pärchen „verpartnern". Wie die Original-Kölner Ludwig und Alfred: beide über siebzig, seit dreißig Jahren zusammen, die Säulen des Kabaretts Kulturschock. Ludwig spielt Klavier, Alfred singt dazu zärtlich Chansons von Margot Werner, Friedrich Hollaender und Georg Kreisler. Und trägt zu jedem Auftritt das passende Kleid. Der Kölner Regierungspräsident ließ die Regenbogenflagge am Präsidium hissen und übernahm persönlich die Trauung. Schwulsein hat gerade in der Domstadt einen Hauch von Glamour. Und die Glitzerwelt von Film und Varieté ist fest in den Händen der Schwulen. Mit deren Coming-Out ist Kölns Boom als Medienstadt im letzten Jahrzehnt untrennbar verbunden. Lange gediehen diese Kreise verborgen hinter den Vorhängen von Varietés und Kleinbühnen. Jetzt treten sie ins Rampenlicht und feiern bundesweit Erfolge.

Das rot-plüschige Gloria ist so eine Kult-Location, und der Kölner Walter Bockmayer ist ihr König. Bockmayer wurde mit Filmtiteln bekannt, die nur finden konnte, wer mit dem Kölner *Express* („Jagd auf die Christbaum-Mafia") aufwuchs: „Sissi – Beuteljahre einer Kaiserin" oder „Cleopatra und der Fluch der Tempelhuren". Viele Talente aus Bockmayers Schule sind heute dank Alfred Bioleks Kölner Produktionsfirma Fernsehstars und tragen das homosexuelle Lebensgefühl in die Wohnzimmer fern der glücklichen Insel: Dirk Bach etwa, der mit der „Geierwally" den Durchbruch schaffte, oder Georg Uecker, der in der „Lindenstraße" schon vor zehn Jahren einen Mann küsste und dafür Liebesbriefe und Morddrohungen erhielt, und natürlich Hella von Sinnen.

Feiern und Flachsen ist in Köln die Fortsetzung von Politik und Wirtschaft mit anderen Mitteln. „Hier bewegt man viel über die Spaß-Schiene", erkannte Thomas Spolert und formierte

In den neunziger Jahren outete sich Köln als schwule Hochburg

mit Freunden am 11.11.95 die „Rosa Funken". Die alternativ gepolte Truppe wurden mit Singmariechen Armin und Singmajor Klaus zur Attraktion: In rosaroten Lack-Uniformen mit Dreispitz und „Schamkappen" waren sie die Parodie auf die ehrwürdigen „Roten" oder „Blauen Funken".

Mit Folgen bis in die Politik. „Die ‚Rosa Funken' haben gesellschaftlich etwas verändert", sagt Spolert bei Milchkaffee im Gründers. Noch vor wenigen Jahren mussten Karnevalsprinzen in Köln und Düsseldorf wegen Homosexualität abdanken. Im Jahr 2000 kam erstmals der Oberbürgermeister, begleitet von Prinz und Festkomitee, zur Rosa Sitzung. Der Elferrat lud die schwule Truppe sogar in den Rosenmontagszug ein. Spolert begleitete ein Dutzend schöne Männer als „Kamelle-Junge" und warf rosa Bonbons.

Ein Mangel des Karnevals ist, dass er im Winter stattfindet. Die Gay Community, die viel lieber wie in Rio feiern würde, entdeckte daher den „Christopher Street Day" als Alternative. Hervorgegangen aus Protesten gegen eine Polizeirazzia in einer New Yorker Schwulen-Bar im Juni 1969, wird der CSD heute in der ganzen Welt als „Gaypride" gefeiert.

Im neuen Jahrtausend schlägt die Stadt aus ihrer Freizügigkeit Kapital

In Köln nahm der CSD erstmals 1991 die Form eines Straßenfestes an. Heute ist er das größte schwule Volksfest Europas – und nach dem Karneval und dem Ringfest die drittgrößte Kölner Veranstaltung. 750 000 Menschen stehen am Straßenrand, wenn die Wagen der Parade vorbeiziehen. Am Rathaus und von den Kölner Brücken wehen dann die Regenbogenflaggen.

Im Sommer 2002 feiert die schwul-lesbische Gemeinde mit Paraden und Bühnen auf der Straße drei Wochen lang den „Europride". Die Veranstalter hoffen, dass Großpartys wie diese zwei Millionen Besucher nach Köln locken.

Ende 2001 führte Köln zum „Europride" das „City Gay Management" ein und wirbt jetzt mit „Europe's biggest queer Event". „Die wissen, was sie an uns haben", sagt CSD-Mitarbeiterin Daya Holzhauer, eine dunkelblonde junge Frau im grauen Anzug überm schwarzem Rollkragenpullover. Und das „Europride"-Motto passt ja auch haargenau ins städtische Konzept: „Cologne Celebrates Diversity."

Johannes Wetzel, *Jahrgang 1963, lebt in Paris. Er schreibt u. a. für* Berliner Zeitung *und* Financial Times Deutschland.

▶ *Siehe auch Adressen im Serviceteil*

MERIAN - INFO

1980 mischte ein schwul-lesbisches Volleyballteam aus Köln-Ehrenfeld als VC Janus die Bezirksklasse auf. „Um den Heteros zu zeigen", so Ulrich Breite, Erster Vorsitzender, „dass Homos nicht nur mit Wattebäuschchen um sich werfen." Aus dem VC wurde der Sportclub SC Janus: rund 1000 Mitglieder, 50 Sportangebote pro Woche, Platz 40 der 806 Clubs zählenden Kölner Sportvereins-Liste. Aushängeschild ist die männliche Cheerleader-Gruppe Pink Poms. 1994 gewannen die Fußballer des SC Janus Gold bei den Gay Games in New York. 2000 spendierte sich der Verein zum 20. Geburtstag die Austragung der schwul-lesbischen Fußball-WM in Köln. „60 Prozent unserer Mitglieder sind Schwule, 20 Prozent Lesben und 20 Prozent Heteros. Bei uns kann jeder mitmachen. Auch Leute, die nur auf Stippvisite in Köln sind."

SC Janus e.V., Pipinstraße 7
Tel. 925 59 30, (Bürozeiten Di 16-19 Uhr), www.sc-janus.de

DAS AAH UND OOH DES GRAND PRIX.
2002
EIN LIED KANN EINE BRÜCKE SEIN
JAN FEDDERSEN
Die deutsche und internationale Geschichte des Grand Prix Eurovision
HOFFMANN UND CAMPE
ISBN 3-455-09350-7 € 25,- [D] / € 25,70 [A] / SFr 43,60
Was Sie schon immer aus 45 Jahren Grand Prix Eurovision wissen wollten: alle Statistiken, Punkte- und Teilnehmertableaus, die schönsten Fotos und Plattencover, köstliche Snack- und Cocktailrezepte und eine zeitgeschichtliche Chronik, Hits und Filme jedes Grand-Prix-Jahres. Von Lys Assia über Sandie Shaw, Abba, Cliff Richard, Katja Ebstein, Céline Dion bis hin zu den Olsen Brothers. Das absolut unverzichtbare Nachschlagewerk des Grand-Prix-Experten Jan Feddersen.
Jan Feddersen, Ein Lied kann eine Brücke sein. Die deutsche und internationale Geschichte des Grand Prix Eurovision. Mit einem Vorwort von Joy Fleming. 432 Seiten, durchgehend farbig. Umschlag mit silberner Reflex-Folie.
ARD Das Erste
NDR
HOFFMANN UND CAMPE
www.hoffmann-und-campe.de

HERRGOTTS WINKEL

Wenn das katholische Milieu zu schwinden droht, muss die Kirche ein vitales und solidarisches Netzwerk sein. Von kleinen Leuten, die nicht nur beten, sondern helfen

Ministranten warten auf den Beginn der Fronleichnamsprozession. Im Bistum Köln arbeiten 30 000 Messdiener – ehrenamtlich

Text: Wolfgang Michal
Fotos: Andri Pol

Gut möglich, dass Sie am Ende dieser Geschichte etwas religiöser geworden sind. Oder dass Sie die Kirche mit anderen Augen sehen. Seien Sie auf jeden Fall leise! Wir beerdigen nämlich gerade Tante Karola. Eigentlich sollte sie hier irgendwo anonym verscharrt werden, weil das Geld für ein ordentliches Begräbnis fehlte. Aber dann übernahmen die Friedhofsgärtner die Kosten, und Franz Meurer, der Don Camillo des Arbeiterviertels Höhenberg-Vingst, erklärte sich spontan bereit, der guten Tante Karola eine Abschiedspredigt zu halten.

Da unten, auf dem Parkplatz des Nordfriedhofs, sehen wir gerade, wie er sich umzieht. Wie er die Schiebermütze vom Kopf nimmt, die Anorakweste auszieht und mit sicherem Griff Gewand und Stola überstreift. Wie er die Arbeiterzigarre Marke Tropenschatz löscht, zur Toilette eilt und im Waschbecken die Kugel des Weihwasserwedels füllt, „denn die Leute müssen richtig nass werden beim Segnen." Früher, sagt Meurer, kümmerten sich Messdiener darum, aber heute kann sich das reichste Bistum der Welt solchen Luxus nicht mehr leisten.

Immer öfter müssen sogar Fachfremde einspringen, Beerdigungsredner wie Pater Norbert vom altkatholischen Orden Mariaviten. Er wird gerufen, wenn die Gemeinden die Bestattung einer armen Seele aus Kosten- und Moralgründen verweigern. Die Totengräber kennen ihn schon und grüßen ihn mit einem herzlichen „Na, du alter Drecksack!"

Pater Norbert beerdigt gerade eine Punkerin. Quietschend zuckelt das Elektrowägelchen mit der Urne an den Gräbern vorbei, im Schlepptau schlurfende Punker mit Bierflaschen in der Hand, Kassettenrecorder auf der Schulter und steif geföhnten Irokesenbürsten. Rhythmisch klirren die Ketten an den Lederhosen. Dann ist Tante Karola an der Reihe. Pfarrer Meurer hält die versprochene „würdige Predigt", zitiert Umberto Eco und Elie Wiesel, erwähnt Mutter Teresa und Kaspar Hauser und erinnert daran, dass Tante Karola Kölnisch Wasser – 4711 – so gern mochte. Dann geht die Predigt im Handyklingeln der Lokalpresse unter. So ist die Welt nun mal, sagt Meurer. Ich kann mir keine andere backen. Also bitte keine Sentimentalitäten!

Die wären auch fehl am Platz in einer Stadt, in der kaum noch jemand die Kirche ernst nimmt. Oder wie soll man es nennen, wenn im Kölner Theaterhaus ein schwuler Jesus im Kreis seiner Kumpane zecht? Wenn der Kabarettist Jürgen Becker in einer Karnevals-„Stunksitzung" den Lokalhelden Tünnes ans Kreuz nagelt und Kardinal Meisner als „Arschloch" beleidigt? Wie soll man es nennen, wenn die Evangelische Luthergemeinde ihren Karnevalswagen vom Kölner „Fachhandel für Erektionsbekleidung" sponsern lassen will und in der Traditionskneipe Gertrudenhof das Vaterunser zum Saufgebet verkommt: „Unser täglich Bier gib uns heute, und vergib uns unsere Schulden …"?

In einer solchen Krise, sagt der Kölner Psychiater und Theologe Manfred Lütz, muss sich die Kirche auf ihre theologischen Tugenden besinnen. Auf jene, die der Dominikaner Thomas von Aquin – einst Student in Köln – im 13. Jahrhundert formulierte: Glaube, Liebe, Hoffnung. Als erfahrener Psychotherapeut weiß Lütz, dass an den Rand gedrängte Institutionen oft eine überraschende Vitalität entwickeln. Machen wir die Probe aufs Exempel.

GLAUBE

Sehen Sie da drüben in der Lindenstraße, am Rand des Belgischen Viertels, das Kloster Heilig Kreuz? Es ist das älteste Kloster der Stadt. Nach dem Krieg konnte man die Beichtwilligen in langen Reihen bis hinaus auf die Straße stehen sehen. Sechs Beichtstühle reichten nicht aus, um all die Sünden der Kölner zu fassen. Heute zählt man 15 Gottesdienstbesucher, wenn's hoch kommt.

Und da, vor dem Stüssgen-Lebensmittelladen – erkennen Sie den Ob-

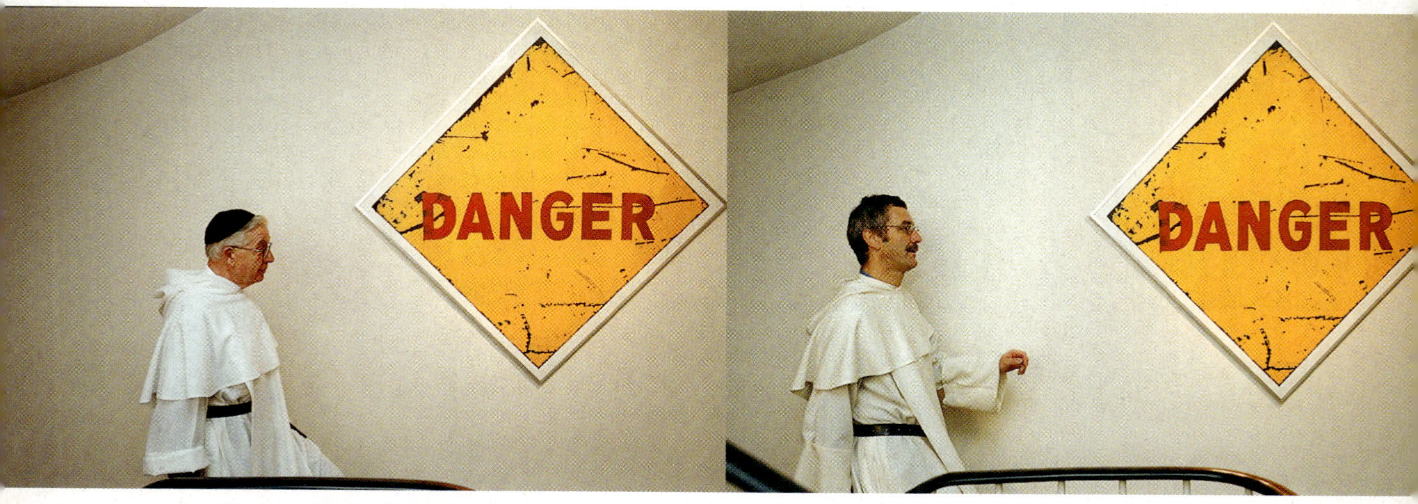

Glaube heißt der Gefahr ins Auge sehen. Auch für Dominikaner wie Frater Albert Schumacher und Prior Wolfgang Stickler

Wenn die „Beweihräucherer" ihr Fässchen schwenken, bekommt der Katholizismus Aroma. Bis zu 30 Pfund Gummiharz jährlich steigen im Dom gen Himmel

dachlosen? Den ganzen Tag blickt er auf das, was die Klosterbrüder von Heiligkreuz respektlos ihre „Knastwand" nennen: schwere Eichentüren, Fensterkreuze aus Sandstein, massives Mauerwerk. Er hat keine Ahnung, dass hinter dem weltabgewandten Bollwerk seine Konkurrenz logiert: der Bettelorden der Dominikaner.

Schwenken wir kurz hinüber, durch die Eichentür, vorbei an der Pforte und der dicken Glocke, die die Mönche zu den Mahlzeiten ruft: Da sitzen die Patres im frisch renovierten Esszimmer, mit Stoffservietten in Serviettentäschchen, es gibt Geschnetzeltes und Rotwein, zum Nachtisch Kokoscreme und Espresso. Acht Mitbrüder leben hier, die meisten jenseits der 65 und rechtschaffen müde. Der neue Prior dagegen, ein hoch aufgeschossener Mann von 50 Jahren, ein echter Achtundsechziger, ist wild entschlossen, das Kloster zu entstauben.

Also raus mit dem ornamentverzierten Chorgestühl und dem braunen Stragula, den schweren Cordgardinen und den Fransen-Tischdecken, den grünen Plüschsofas, all dem Gelsenkirchener Barock. „Im Sprechzimmer", spottet Prior Wolfgang Stickler, „sah es aus, als hätte Lilly aus dem Puff ihr Mobiliar verschenkt." Raus mit den dunklen Ölschinken, von denen verkniffene Dominikanergesichter blicken, raus aus dem Speisesaal, wo die Mönche so weit auseinander saßen, dass sie sich zuwinken konnten und jeder stumm vor sich hin mampfte. Meine Generation, sagt Prior Stickler, kriegt die Krätze in dieser depressiven Atmosphäre.

Ergo: Rein mit hellen Kiefernholzmöbeln, hellen Raufasertapeten, hellen Vorhängen. Rein mit dünn gerahmten Siebdrucken von New Yorker Wolkenkratzern und farbenfrohen Christusfiguren, reproduziert im Andy-Warhol-Pop-Art-Stil.

Die Ästhetik, sagt Stickler, sei ja nicht die schlechteste Erscheinungsform des Glaubens. Er selbst wohnt in weißen Ikea-Möbeln, seine Sammlung von Jazz-CDs steht, penibel geordnet, im Billyregal: Chet Baker, John Coltrane, Miles Davis. Auf weißem Sockel liegt ein Werk des berühmtesten israelischen Bildhauers der Moderne, Menashe Kadishman.

Stickler, das sieht man, ist dem Orden in den Jahren der Revolte beigetreten. War Krankenhausseelsorger und Gesprächstherapeut, ein nüchterner Mann ohne Pathos, der den Glauben in der Vernunft lokalisiert. Der kein Gesabbel mag, sondern „Shorties", herausfordernde Kurzpredigten von maximal zehn Minuten, etwa über Edith Piafs Autobiographie „Ich bereue nichts". Wenn er Papst wäre, sagt Stickler, würde er als erstes Dogma verkünden, dass niemand vor sieben Uhr aufstehen darf und keine Messe vor neun gelesen wird.

Auch die Kirche, unmittelbar neben dem Kloster, „in schweinchenrosa" gehalten, soll ein neues Kreuz bekommen, kreiert von Gerd Winner, dem Münchner Kunstprofessor, der schon die Dominikanerklöster in Düsseldorf und Braunschweig modernisierte. Vier der sechs Beichtstühle „fliegen raus", man benötigt sie nicht mehr, intelligent auswählen heißt jetzt die Devise. Das konservative Publikum wird ausgetauscht durch das Bildungsbürgertum der Neuen Mitte. Und die Nähe zum schrägen Belgischen Viertel soll nicht mehr Zumutung sein, sondern ein Standortvorteil.

Finanzieren kann Stickler seine ästhetische Umwälzung durch Kostendämpfung. Der übliche dreitägige Betriebsausflug samt Opernbesuch ist gestrichen, dito der gigantische Eierverbrauch von zuletzt 18 Stück pro Mann und Tag. Abgeschafft eins der Autos, die nie jemand benutzte, das sorglose Telefonieren, die Frühstücksbedienung, die Überversorgung mit Köchen. Doch ohne Sponsoren wird selbst die abgespeckte Klosterversion nicht zu halten sein. Die Pacht, die der Car-Wash-Service auf dem Gelände abwirft, reicht nicht aus. „Aber keine Sorge", sagt Stickler, „Messgewänder mit Mercedesstern vorn drauf wird's trotzdem nicht geben."

Dass das katholische Milieu verdampft ist, hält Stickler für eine Binsenwahrheit. Ob die Dominikaner in hundert Jahren noch da sein werden, weiß er nicht. Trotzdem strotzt er vor Selbstbewusstsein. „Angst", sagt er, „ist etwas für Ungläubige." Ihn trägt ein „abgrundtiefes" Gottvertrauen: „Glaube daran, dass es gut ist, dass es dich gibt. Lass dich in deinem Wert nicht infrage stellen." In dieser Haltung streift er fröhlich pfeifend durchs totenstille Haus. „Ich glaube", sagt er, „unser Marktwert steigt."

Und die prominente Nachbarschaft soll ihm helfen dabei. So plant er zusammen mit dem Kölner Fotografen Peter H. Fürst („Die entkleidete Frau") eine Mieder-Ausstellung im Kloster. Die Comedy-Stars Hella von Sinnen und Dirk Bach will er für sein „Bibel live"-Programm gewinnen, und mit dem grünen Bundestagsabgeordneten Volker Beck diskutiert er über schwule Partnerschaften. „Man muss offensiv in die Zeit gehen", sagt Stickler, weshalb er nun Reklamekästen an der „Knastwand" anbringen lässt. Das Kloster als geistiges Zentrum, das die religiöse Frage wach hält, das ist seine Idee. Kein Baumarkt-Glaube, wo sich jeder aus Versatzstücken etwas zusammenbasteln kann, sondern dominikanische Tradition: „Guck dir die Welt an, und du verstehst Gott."

LIEBE

Oft ist die Welt aber nur schwer einzusehen. Das Haus Rosalie zum Beispiel, im kleinbürgerlichen Nippes, liegt verborgen hinter hohen Platanen, gleich gegenüber von „Wollis, Matzes und Horsts Motorradhimmel Blazing Bikes". Im Erdgeschoss das Café Auszeit und die „Jobvermittlung Casablanca". Namen, die nach Fluchtpunkten klingen. Im Treppenhaus wischt eine dicke Frau mürrisch den Boden. Ihr Gesichtsausdruck sagt: Ich mach' es, weil ich dazu verurteilt bin.

Die Frauen, die im Haus Rosalie Unterschlupf finden, haben einen langen Abstieg hinter sich: vors Haus gekippt von teils entsetzten, teils abgebrühten Beamten, die nicht wissen, wie sie mit ihrer menschlichen Fracht umgehen sollen. An Wochenenden ist es am schlimmsten. Da kommen randalierende, schwerst betrunkene Frauen, grün und blau geschlagen vom Ehemann, hysterisch vor Angst oder dumpf brütend. Weitergereicht aus Obdachlosenasylen, Polizeistationen, Kliniken, Gefängnissen. Fast alle diese Frauen sind verwahrlost, viele alkoholkrank, lebens- und therapiemüde.

Ganz oben im Dachgeschoss wohnt Monika B. Sie leidet unter „Hallus". Hört Stimmen, die ihr befehlen, Schwangere zu bedrohen. Präzise wie eine Fachärztin kennt sie die Dosis der einzunehmenden Medikamente, weiß, dass sie brav sein muss, auch wenn sie platzen möchte. Ihre Dachkammer hat sie mit Tierkinder-Postern aus der Apothekerzeitung tapeziert, die Worte „nötig" und „dreckig" dürfen in ihrer Gegenwart nicht benutzt werden.

Für Schwester Ute kein Problem. „Wir akzeptieren grundsätzlich jedes Verhalten." Gott, sagt sie, nimmt dich so, wie du bist. „Akzeptierende Gelassenheit" nennen sie es im Heimjargon: Die Vergangenheit der Frauen wird nicht aufgerollt, niemand schnüffelt in ihrem Vorleben herum.

Die Verängstigten sollen nach vorne blicken, ihre Krise als Chance betrachten. Im Haus Rosalie lernen sie, einen Haushalt zu führen. Sie lernen, ihren Tag einzuteilen und das Essen nicht hinunterzuschlingen. Im Kurs „Preiswert kochen macht Spaß" wird ihnen beigebracht, wie man mit 1,30 Euro pro Mahlzeit auskommen kann und dennoch abwechslungsreich isst. Vor allem aber sollen die Frauen die Angst verlernen, ständig alles falsch zu machen. Das ist unendlich mühsam, weil hinter der kleinsten Frustration sofort die selbstvernichtende Frage lauert: „Wozu?"

Ist Ihnen aufgefallen, wie Frau R. am Mittagstisch sitzt? Kerzengerade, schlank, die Lippen geschminkt. Sie erwartet ihren Freund. Seit 13 Monaten wartet sie auf ihn, hält sich und ihr Zimmer tipptopp in Ordnung, putzt und scheuert, was das Zeug hält. Kauft Kleider und verpackt sie mit Klebeband zu wasserdichten Paketen. Der halbe Speicher ist schon voll. Frau R. sagt, sie sei leider noch nicht fertig mit Packen. Erst wenn alles komplett sei, werde ihr Freund kommen und sie holen. So lange müsse sie bleiben.

Schwester Ute versteht, dass viele hier dauerparken wollen. Der Umgang ist familiär, sie selbst lebt mit im Haus. Sie setzt auch keine Corniche mehr auf, diese auffällige zweihörnige Haube, die katholische Vinzentinerinnen im vorrevolutionären Frankreich getragen haben. Schwester Utes Garderobe ist schlicht und praktisch, sozialstaatskompatibel, billiger und näher an den Betroffenen. Denn „die barmherzigen Schwestern der Liebe", wie sich die Ordensfrauen nennen, fordern Anpassung nicht von anderen, sondern von sich selbst: „Wir wollen wie ein Brunnen sein", sagen sie, „der an einer Straßenecke steht und an dem alle, die vorbeiziehen, ausruhen und ihre Last, die sie zu tragen haben, abladen können."

Doch manchmal wird die Last zu groß. Dann zerfetzt ein umklammertes Brotmesser in der Gemeinschaftsküche die Harmonie. Dann entdeckt Schwester Ute, dass die angeblich trockene Alkoholikerin mit Hilfe des Heizkörpers in ihrem Zimmer aus Äpfeln und Zuckerwasser Branntwein destilliert. Dann springt eine Frau, die eben noch Stärke demonstrierte, aus dem Fenster, und alles war umsonst.

Nicht immer hilft dann die akzeptierende Gelassenheit als Selbstberuhigungsmittel. Was soll man tun, wenn die Umsorgten den Job wieder verlieren, wenn sie rückfällig werden, klauen, lügen, sich die Pulsadern öffnen? Wie soll man mit der inneren Leere nach einem schief gegangenen Totaleinsatz fertig werden? Schwester Ute geht dann „zur Enttäuschungsverarbeitung", zum Supervisor. Der tröstet sie, dass es die Ärmsten doch eine Weile schön bei ihr hatten.

Und manchmal steigt dann dieses Kübler-Ross-Gefühl in ihr auf, diese

Liebe ist, wenn man auch das genießt, was Anfänger angerichtet haben. Schwester Ute hilft beim Biskuitbacken im Haus Rosalie

wunderbare katholische Hinnahmebereitschaft: Näher, mein Gott, zu dir. Am Ende, sagt Schwester Ute, wenn gar nichts geholfen hat, denke sie manchmal: Wenn diese Frau jetzt sterben würde, ich wär' nicht mehr traurig.

HOFFNUNG

Erinnern Sie sich noch an Tante Karola? Da waren auch alle zufrieden, als sie endlich unter der Erde lag. Keine Tränen, kein Trennungsschmerz. Für Pfarrer Meurer sind solche Beerdigungen „immer Erholung". Dann senkt sich tiefe Ruhe über ihn, und alles wird relativ.

Aber dann muss er doch zurück in sein Problemviertel Höhenberg-Vingst. Ins „HöVi-Land", wie er das zwischen Güterbahnhof und Autobahn eingeklemmte Stück Köln zärtlich nennt. 25 000 Seelen: 10 000 Katholiken, 10 000 Muslime. 40 Prozent der Haushalte leben von Sozial- oder Arbeitslosenhilfe. Fast 18 Prozent der Einwohner sind über 75. Ein altes Arbeiterviertel auf der „schäl Sick", kein Slum, aber nicht weit entfernt davon. 69 Drogendelikte in neun Monaten.

Franz Meurer will diesen Abwärtstrend stoppen. Mit aller Kraft stemmt er sich dagegen. Will das Viertel „umdrehen" und ihm seine „Würde" zurückgeben. Ist es nicht herrlich, wie er das macht? Wie er den Kölner Klüngel in einer Mischung aus Schlitzohrigkeit und Gottvertrauen nötigt, mehr Gottgefälliges zu tun, als dem lieb ist? „Ich druck dir deine Plakate", lockt Meurer, „und du besorgst mir dafür ohne viel Papierkram einen Industrie-Container für meine Kinder im HöVi-Land." Ein Handel, der aufgeht. „Is zwar verrostet", singt er danach in schönstem Kölsch, „aber noch jut".

Dieser praktizierende Kommunist mit CDU-Parteibuch fasziniert den Kölner SPD-Vorsitzenden ebenso wie den Kardinal. „Gemeinde", sagt Meurer, „musst du wörtlich nehmen. Gemeinde heißt: füreinander einstehen." Also hat er den Vingster Muslimen, die wegen eines auslaufenden Mietvertrags aus ihrer Moschee heraus müssen, Asyl im Keller seiner Kirche angeboten. Also verteilt er die Pille an junge Frauen und sagt, „wenn der Papst hier im HöVi-Land wär, würd' der glatt das Dreifache verteilen." Kein Wunder, dass die Kölner ihren Meurer zum Don Camillo ernannten. „Klingt doch besser als Schweinepriester!", sagt er, um sich das Lob vom Leib zu halten.

In seiner Wohnung im Pfarrhaus, selbst in der angrenzenden Kirche St. Elisabeth stapeln sich die guten Taten: Sitzbänke, Sonnenschirme, Tischtennisplatten. Von überall her organisiert Meurer Restposten und Auslaufmodelle. Für die Lebensmittelausgabe, die jeden Dienstag im Keller des Pfarrhauses stattfindet, liefert die nahe gelegene Brotfabrik Kronenberg kostenlos 600 ofenfrische Brote, vom Großmarkt kommen palettenweise Weintrauben, von der Kölner Tafel und vom Kölner Dreigestirn Wurst und Käse. Unter der Kirchenorgel lagern 1000 Pakete Barilla-Nudeln. Und notfalls gehen die Frauen der Gemeinde rüber zu Aldi und kaufen für 2000 Mark Tütensuppen, Tee und Nutella.

Bis zu 700 Leute pro Woche bekommen durch diese Armenspeisung ein wenig Luft in der Haushaltskasse. Meist sind es Aussiedler aus Russland, Kriegsflüchtlinge aus Ex-Jugoslawien, Obdachlose, Kleinstrentnerinnen. Wer sich schämt, erhält ein neutral verpacktes Paket per Post. Auf Berechtigung wird nicht geachtet. Die „Prinzessinnen", wie die Rentnerinnen der Essensausgabe genannt werden, drücken meist beide Augen zu. Und Kinder kriegen schon mal einen Roller extra.

Oft weiß Pfarrer Meurer gar nicht, wohin mit all den Angeboten. 2000 Joghurts mussten sie neulich durchs Klo spülen, weil man sie nicht mehr rechtzeitig verteilt kriegte. „Die Welt ist voll", sagt er, „es ist alles nur eine Frage der Logistik."

Und so gleicht seine Pfarrei eher einer Geben & Nehmen-GmbH als einem spirituellen Ort. Und der Pfar-

Die Vingster Kirche St. Theodor als Umschlagplatz für Hoffnungen und für Pfarrer Meurers Wundertüten

Andächtig singen Mädchen die Fronleichnamsmesse. 45 000 Chormitglieder und 1375 Kirchenmusiker gibt es im Erzbistum Köln

Vielen Kölnern ist der Kuchen näher als die Kirche. Täglich verliert das Bistum 30 Katholiken durch Austritt

rer sieht einem Vorarbeiter ähnlicher als einem guten Hirten.

Was soll er machen? Das Personal der Gemeinde ist in den letzten zehn Jahren halbiert worden. Also spannt er jeden ein, der vorbeischaut. „Wer's macht, hat die Macht", ist Meurers Leitspruch. „Jede Menge Omas" hat er „im Einsatz", auch Rentner, die ihr Berufswissen in der gemeindeeigenen Schreinerei ausleben, denn immer ist irgendwo ein „Event" zu planen, ein Spielebus auszustatten, eine Silberhochzeit zu feiern. Mal bepflanzt er mit Helfern die trostlosesten Ecken des Viertels, mal schmückt er die Straßen mit Weihnachtsbeleuchtung, mal bringt er den Obdachlosen ausgemusterte Bundeswehrschlafsäcke vorbei.

Stolz ist Meurer darauf, jeden Sommer für 500 Kinder des Viertels einen dreiwöchigen Freizeitspaß zu organisieren. Wo es „Fritten gibt bis zum Abwinken und Limo bis zum Kotzen". 70 ehrenamtlich arbeitende Jugendliche und 100 Erwachsene hat er für diesen „Dienst am Nächsten" breitschlagen können. Sich selbst sieht er nur in der Rolle des „Ermöglichers". Und wenn ihm einer für seine HöVi-Land-Stiftung ein ganzes Haus vermacht, dann gibt er dem edlen Spender zu verstehen, dass ihm der Kuchen, den die Oma gebacken hat, genauso viel wert ist. Geringschätzung lässt er nicht zu. Jeder nach seinen Fähigkeiten.

Kirche, sagt Meurer, sei in der Phase des Niedergangs eben keine bürgerliche Veranstaltung mehr, in der es darauf ankomme, im Vorstand schöne Reden zu halten. Kirche sei heute ein Netzwerk derjenigen, die fähig sind zur Solidarität. Und das seien, wie überall, die kleinen Leute.

In der Kleiderkammer arbeiten 28 Frauen der Gemeinde, natürlich ehrenamtlich. Für fünf Mark gehen Mäntel und Hosen über die Theke, auch der Pfarrer deckt sich hier ein, so, wie er seinen Speisenplan am Aufkommen der Lebensmittelspenden ausrichtet. Was er an Essen und Kleidern spart, kann er anderswo investieren. Zum Beispiel in die neue Kirche, unter der Meurer ein weit verzweigtes Höhlensystem aus Lagerhallen und Werkstätten anlegen lässt – inklusive einer eigenen Auffahrtsrampe für schwere LKW. Denn eine Kirche im 21. Jahrhundert, die keine Begegnungsstätte ist, in der nichts produziert und nichts verteilt wird, in der man nur beten kann und sonst nichts, „dat wär doch jeck."

Die klare Sprache aus Kölsch und Amerikanismen zeigt, wohin er sich orientiert. Er will den Leuten „empowerment" geben, redet von „benefit" und „fundraising", dem geschickten Eintreiben von Spenden. Meurer ist dabei mehr als ein Provinzgenie, das die Kirche im Dorf lässt, weil ihn außer HöVi-Land nichts interessiert; er nimmt sehr genau wahr, wie sich die Universalkirche bewegt. „Willow Creek" zum Beispiel, die von Chicagos Vorstädten ausgehende Erneuerungsbewegung, imponiert ihm. Die ist pragmatisch, arbeitet in Kleingruppen, scheut nie den Weg in die Vorhöllen von Armut und Materialismus. „Bekehre nicht – lebe!" heißt deren Motto, und im Grunde ist es auch das Motto des Don Camillo aus Vingst. In Amerikas Kirche findet er, was der hiesigen abgeht: dass im Gottesdienst der Alltag verhandelt wird. Wer den Zaun der Oma repariert, wer die Kranken besucht.

Seit Jahren gibt Meurer deshalb eine kleine Zeitschrift heraus, die sich *Wider die Resignation* nennt und tief verwurzelt ist in der christlichen Soziallehre. „Was ist denn religiös", fragt er, „was nicht sozial ist? Wenn wir nicht deutlich machen, wofür wir da sind, dann sind wir so überflüssig wie ein Kropf."

Im Dezember 2001 haben ihm die Kölner Lokalgrößen Jürgen Becker, Carmen Thomas und Heinrich Pachl die erste „Alternative Ehrenbürgerschaft" Kölns angetragen. Als Protest gegen die soziale Zweiteilung der Stadt. Und vermutlich wird Pfarrer Meurer die Ehrung schamlos ausnützen. In der Hoffnung, den Sog zu verstärken für die, die im Schatten stehen.

Glaube–Liebe–Hoffnung.

Was haben wir in dieser wunderbaren Welt der katholischen Kirche begriffen? Die Philosophie des positiven Denkens? Die Abkehr von der rein intellektuellen Bekehrung?

Wir haben in drei Winkel der Stadt gesehen, in denen etwas vorgelebt wird, ohne Anspruch auf höhere Weihen. Es sind Suchbewegungen, die nicht jedem einleuchten mögen. Aber von hier oben betrachtet – das müssen Sie zugeben – ist das Ganze doch überhaupt nicht zu beanstanden.

Wolfgang Michal, *Jahrgang 1954, aufgewachsen in katholischer Diaspora, lebt als freier Autor bei Hamburg.*
Andri Pol *fotografierte für dieses Heft auch die* VIVA-*Medienstars (S. 44).*

Die Pinguine vom SCHWIMMVEREIN RHENANIA 1919 persiflieren das Gerangel um Trainingsmöglichkeiten in den Kölner Bädern

Die Germanen der RADERBERGER BOORE hatten sich für ihren ersten Veedelszog mit Fuchsschwänzen behängt – aus dem Kaufhaus noch für eine Mark pro Stück

En unsrem Veedel hält m'r zesamme

Nicht die großen Traditionsvereine, sondern die 52 kleinen in ihren Stadtvierteln sind Herz und Seele des Karnevals. Geld und Einfluss spielen beim Veedelszug keine Rolle. Arbeiteradel verbindet

Text: Christian Litz, Fotos: Petra Hartmann, Stephan Schmitz

Weißkohl muss es sein, große feiste Köpfe für die VOGELSANGER KAPPESKÖPP. Die Gruppen in den Veedelszügen präsentieren jedes Jahr neue Kostüme

Eine Szene bei Sonnenschein im Herbst: Im Heim der Freien Wassersportvereinigung Köln, oberes Stockwerk, also hochwassersicher, sitzen drei pubertierende Jungs und stopfen mit Blick auf den Rhein Schaumstoff in lange weiße Handschuhe. Ein Mädchen, älter als die Jungs, in einem zu engen Pullover, der ihren Busen betont, bastelt mit einer Zange Blüten aus Plastik und Draht. Ein 18-Jähriger, nett, kölsch offen, kontaktfreudig, lässt den Akkubohrer brummen. Ebenfalls anwesende Erwachsene, schreinern, malen, schminken Puppenköpfe, flechten Perücken.

Die Freie Wassersportvereinigung Köln bereitet sich auf den Veedelszoch vor: den Zug der kleinen Stadtviertel-Vereine vor der zentral organisierten Parade. Wie jeden Sonntag vor Rosenmontag in den vergangenen 30 Jahren. Karneval! Vergnügen! Alles muss fleißig vorbereitet werden: Bis zur großen Stunde arbeiten sie jedes Wochenende von zehn bis sieben im Vereinsheim mit dem Linoleumboden, den Holzimitatwänden, der Plastikdecke. Die Erbsensuppe mittags essen sie möglichst schnell, nach zehn Minuten machen sie weiter. Abends noch Musikprobe, denn eine eigene Kapelle gehört auch zum Umzug.

Sie sind also wer. Und schaffen, was es nur noch selten gibt: Vereinsleben, das fast wie Familie ist. Das Idyll erinnert an die friedlichen Bilder am Anfang mancher Horrorfilme, hinter denen der Zuschauer schon die Abgründe ahnt. Hier ist ein Meer an ernst gemeinter Harmonie, ein geballtes *Hier ist die Welt noch in Ordnung*, eine Insel der Glückseligkeit in härter werdenden Zeiten. Generationsübergreifend. Nostalgisch. Ehrliche Eintracht, so voller Nähe, so überzeugend, ja, lassen wir es raus: so richtig wohltuend.

Waltraud Koch, im Berufsleben aktiv bei der Fleischerinnung, privat Frau Vorstand, biegt Drähte. „Wir sind den ganzen Winter über hier, die anderen Vereinsmitglieder, also Ruderer oder Schwimmer, wissen das und kommen vorbei." Pause: „Es ist schön hier." Man kennt sich, man hilft sich, ist eine Gemeinschaft, „auch wenn manchmal heiß diskutiert wird". Vor allem, wenn es um das Motto geht, womit im September der Zug angemeldet wird.

Frau Koch sagt, was alle Leute in den Veedelsvereinen, den traditionellen Jeckengruppen der einzelnen Stadtviertel, sagen, weil es ihnen wichtig ist. „Wir sehen uns als richtigen Karneval, im Gegensatz zu den ‚Funken', die einfach nur ein Kostüm kaufen." Die „Funken" sind einer der großen Traditionsvereine, bei dem ein paar tausend Euro zahlen muss, wer auf den Wagen will am Rosenmontag, dem, Achtung Schimpfwort, „offiziellen Karneval".

Dessen inzwischen professionalisierte Vereine, so die These, die alle wackeren Guerilla-Narren aufstellen müssen, haben dem Karneval die Seele geraubt. Ihn industrialisiert. Zwei Milliarden Euro werden pro Saison in Köln umgesetzt. Das Festkomitee beauftragte die Unternehmensberatung MacKinsey zu prüfen, wie die Narretei noch lukrativer werden könne. Und, das ist allgemein bekannt zu Kölle, Unternehmer, Rechtsanwälte, die dicken Maxe lernen sich hier in lockerer Atmosphäre kennen, fädeln beim seelenlosen Prunk Geschäfte ein. Die Kampagne dient als Fundament der einen oder anderen Baugenehmigung und ähnlicher Businessdeals. Die Saison mit ihrem Höhepunkt Rosenmontagszug ist ein einziges großes Kennenlernen von Geld und Einfluss.

„Die Prinzengarde oder die Ehrengarde, die ‚Roten Funken' oder die ‚Blauen Funken' sind gesellschaftlich hoch angesiedelt, da fließt viel Geld", bestätigt der Historiker Michael Euler-Schmidt. Der stellvertretende Direktor des Kölnischen Stadtmuseums muss es

:in fast familiäres Vereinsleben pflegt die FREIE WASSERSPORTVEREINIGUNG KÖLN. Ihr /lotto: „Wassersport, der macht uns nass, aber auch gewaltig Spaß"

wissen: vielfacher Senator, Leutnant, Hauptmann, Major, Uniformträger der offiziellen Karnevalreserve. Immer nur ehrenhalber. Als zuständiger Beamter darf er ja nirgendwo echtes Mitglied sein, immer nur Ehrenirgendwas in der montäglichen Großparade.

Der Veedelszug einen Tag zuvor ist ganz anders. 52 Gruppen sind da gemeldet, sie müssen jedes Jahr mit anderen Kostümen und neuem Motto antreten – im Gegensatz zu den Traditionsvereinen. Grundsätzlich gilt, sagen alle aus den Veedelszirkeln: Der Rosenmontagszug ist groß, teuer, protzig, die Sache der Korps- und Komiteegesellschaften. In denen geht es nur um Status. Wer viel ausgibt, kann dazugehören, einfach so, ohne ehrlicher Hände Arbeit. Darf in der Uniform am Montag antreten, mit der städtischen Prominenz, den Ehrensenatoren, Rittmeistern, Akademie- und Beiratsmitgliedern und anderen Ehrenkäsigen.

Der Veedelszug dagegen sei klein, schön, spaßig, sympathisch, authentisch, entspannt. Ach ja, sagt Michael Euler-Schmidt: Anfang 1933 wurde er ins Leben gerufen, unter Oberbürgermeister Konrad Adenauer. Hat nichts, aber auch gar nichts mit Nazis zu tun. Ist sowas wie Karneval des kleinen Mannes, „für Außenstehende sehr schwer begreifbar". Genau. Denn die Vereinsleute nehmen den Veedelszug richtig ernst, arbeiten härter dafür als die Gesellschaftskarnevalisten für den ihren. „Urkarneval" nennen sie, wofür sie ackern, obwohl der Veedelszug doch der jüngere ist. Und sie nennen ihn „spontaner", obwohl sie lange davor üben und basteln.

Beim Veedelszug treten Stammtische an, eine volksnahe Sache also. Einige Beispiele für die Eigendefinition der Veedelsvereine als Kontrastprogramm: Die Schwabenthaler Mösche – Schwabenthal hieß früher ein Viertel, weil ein Schwabe da gesiedelt habe. Heute sind das die Stadtteile Vogelsang und Bickendorf. *Mösche* ist kölsch, heißt Spatzen. 1983 haben sie sich gegründet, in der Garage, in der sie heute noch Sitzungen haben.

Ein Freundeskreis, der ein Problem hat: Er ist so klein, dass er in keiner Kneipe ein Hinterzimmer bekommt, erklärt Vereinsmitglied Anneliese Langen: „Wir sind viele Frauen und viele Pänz, da verzehren wir nicht so viel." Pänz ist das kölsche Wort für Kinder. Deshalb also trifft sich der Verein in der Garage der Langens, die einen Kohlenhandel haben. Auch Frau Langen sagt, was alle Veedelszugleute sagen: kleiner, knuddeliger Verein, „wir verkörpern urkölschen Karneval, nicht den professionellen von heute". Stolz verweist sie auf den Jecken-Nachwuchs: „Wir haben sechs Pänz, das will heutzutage was heißen." Stolz betont sie auch ihre Herkunft: Arbei-

Prämie 1
Praktisch, formschön, scharfe Optik. Zusammengeklappt in der Transportbox misst das Fernglas aus der Zeiss Design-Selection gerade mal 7,5 x 4,5 x 10,5 cm. Vergrösserung: 4x, Objektivdurchmesser: 12mm, Zuzahlung: € 75.

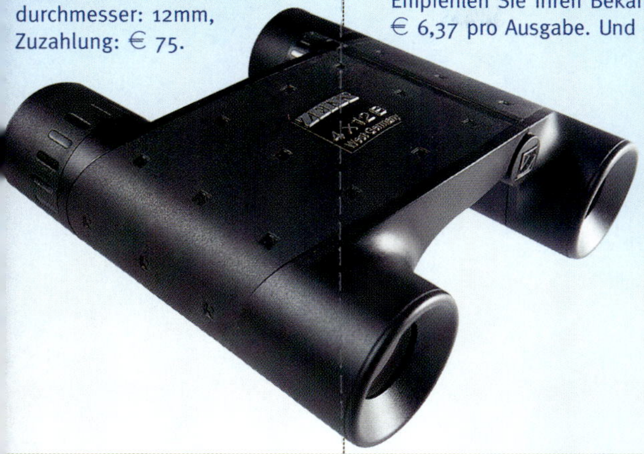

MERIAN im Abonnement

Für die Vermittlung eines neuen MERIAN-Abonnenten bedanken wir uns

Empfehlen Sie Ihren Bekannten MERIAN: 12 Hefte im Jahr zum Vorteilspreis von nur € 6,37 pro Ausgabe. Und schon ist Ihre Wunschprämie zu Ihnen unterwegs.

Prämie 2
Die Agentenkamera von Minox ist klein, zuverlässig und macht exzellente Fotos. Sie benötigt keine Batterien und belichtet 8 x 11 mm Filme. Maße: 8,0 x 1,5 x 3,0 cm, Zuzahlung: € 75.

Jeden Monat entführt MERIAN seine Leser in ein anderes Land, eine Landschaft oder eine Stadt dieser Welt. Fernab üblicher Touristenpfade. Mit faszinierenden Fotos und aufregenden Reportagen renommierter Fotografen und Autoren.

MERIAN im Abonnement

Wenn Sie MERIAN selbst abonnieren, bedanken wir uns

Wenn sie MERIAN selber lesen möchten, erhalten Sie ebenfalls 12 Hefte im Jahr zum Vorzugspreis von nur € 6,37 pro Ausgabe. Und dazu: das elegante Käsemesser von Mertens.

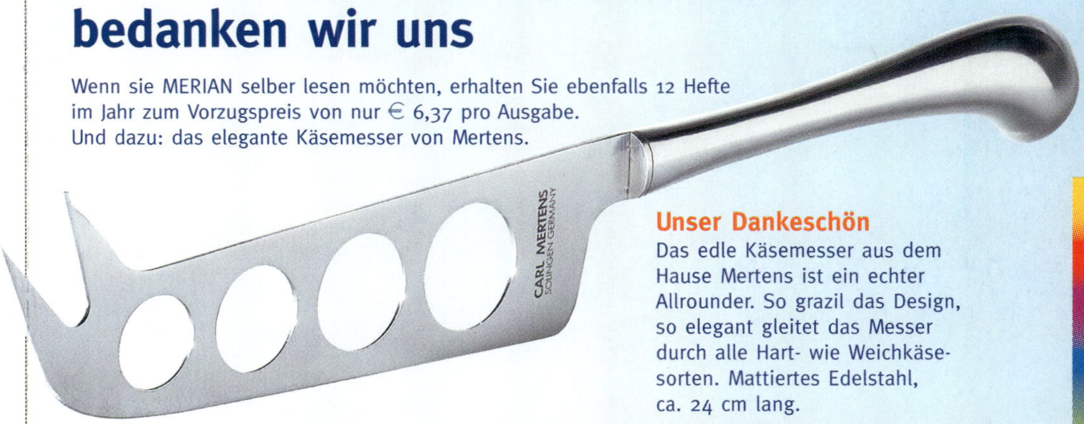

Unser Dankeschön
Das edle Käsemesser aus dem Hause Mertens ist ein echter Allrounder. So grazil das Design, so elegant gleitet das Messer durch alle Hart- wie Weichkäsesorten. Mattiertes Edelstahl, ca. 24 cm lang.

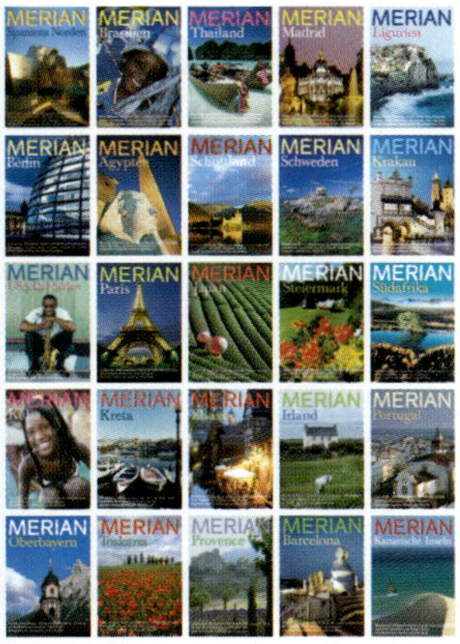

Sie interessieren sich für eine bestimmte Reiseregion und Ihr Wunschziel ist hier nicht abgebildet? Unter **www.merian.de** finden Sie das komplette lieferbare MERIAN-Programm.

MERIAN zum Nachbestellen

Haben Sie eine Ausgabe verpasst?

Dann bestellen Sie einfach und bequem Ihren Wunschtitel aus dem umseitigen Heftangebot.
Sie erhalten jede MERIAN-Ausgabe für € 7,50 inklusive Porto und Verpackung. Abonnenten bezahlen den Vorzugspreis von nur € 6,37.

Jetzt auch erhältlich: das MERIAN extra „Das neue Ruhrgebiet" – für nur € 5,- (für Abonnenten € 4,27).

Ich habe einen neuen MERIAN-Abonnenten geworben.
Für meine Empfehlung erhalte ich folgende Prämie (solange Vorrat reicht):
☐ Fernglas (Zuzahlung € 75,–) ☐ Agentenkamera (Zuzahlung € 75,–)
Bitte schicken Sie meine Prämie an folgende Adresse:

Name / Vorname des Prämienempfängers

Straße / Haus-Nr. / PLZ / Ort

Tel.-Nr. / E-Mail

Ja, ich abonniere MERIAN für mindestems ein Jahr. Der Abo-Preis beträgt € 76,40 pro Jahr (12 Ausgaben) frei Haus.

Name / Vorname des neuen Abonnenten

Straße / Haus-Nr. / PLZ / Ort

Tel.-Nr. / E-Mail

Gewünsche Zahlungweise bitte ankreuzen:
☐ **Gegen Rechnung** (Bitte keine Vorauszahlung leisten.) ☐ **Bankeinzug** (Bequem und bargeldlos)

Bankleitzahl Kontonummer

Geldinstitut

Datum / 1. Unterschrift

Vertrauensgarantie: Die Bestellung wird erst wirksam, wenn sie nicht binnen zwei Wochen schriftlich beim MERIAN-Leserservice, Postfach 60 12 20, 22212 Hamburg, widerrufen wird. Zur Wahrung der Frist genügt die rechtzeitige Absendung des Widerrufs. Dieses Angebot gilt nur in der Bundesrepublik Deutschland und solange der Vorrat reicht. Die Kenntnisnahme dieser Hinweise bestätige ich durch meine zweite Unterschrift:

Datum / 2. Unterschrift ME 03/02 910/ 911

Bitte freimachen
falls Marke
zur Hand.
Oder bestellen
Sie per Fax:
040/27172079

ANTWORT

MERIAN
Leserservice
Postfach 60 12 20

D-22212 Hamburg

Ich möchte MERIAN abonnieren.
12 Ausgaben im Jahr für € 76,40. Als Dankeschön erhalte ich das Käsenmesser von Carl Mertens (solange Vorrat reicht).
Das Dankeschön und MERIAN schicken Sie bitte an folgende Adresse:

Name / Vorname

Straße / Haus-Nr. / PLZ / Ort

Tel.-Nr. / E-Mail

Gewünschte Zahlungweise bitte ankreuzen:
☐ **Gegen Rechnung** (Bitte keine Vorauszahlung leisten.) ☐ **Bankeinzug** (Bequem und bargeldlos)

Bankleitzahl Kontonummer

Geldinstitut

☐ **bequem per Kreditkarte** (Bitte ankreuzen.) ☐ Amex ☐ Visa ☐ Eurocard

Kreditkarten-Nummer

Gültig bis (bitte genau angeben)

Datum / 1. Unterschrift

Vertrauensgarantie: Die Bestellung wird erst wirksam, wenn sie nicht binnen zwei Wochen schriftlich beim MERIAN-LESERSERVICE, Postfach 60 12 20, 22212 Hamburg, widerrufen wird. Zur Wahrung der Frist genügt die rechtzeitige Absendung des Widerrufs. Dieses Angebot gilt nur in der Bundesrepublik Deutschland und solange der Vorrat reicht. Das Dankeschön darf ich auch bei Widerruf behalten. Die Kenntnisnahme dieser Hinweise bestätige ich mit meiner 2. Unterschrift.

Datum / 2. Unterschrift ME 03/02 912

Bitte freimachen
falls Marke
zur Hand.
Oder bestellen
Sie per Fax:
040/27172079

ANTWORT

MERIAN
Leserservice
Postfach 60 12 20

D-22212 Hamburg

Ich bestelle folgende MERIAN-Ausgaben für € 7,50 (€ 6,37 für Abonnenten) inklusive Porto und Verpackung:

☐ Span. Norden ☐ Brasilien ☐ Thailand ☐ Madrid ☐ Ligurien
☐ Berlin ☐ Ägypten ☐ Schottland
☐ Schweden ☐ Krakau ☐ USA: Der Süden ☐ Paris ☐ Japan
☐ Steiermark ☐ Südafrika ☐ Kuba
☐ Kreta ☐ Elsass ☐ Irland ☐ Portugal ☐ Oberbayern
☐ Toskana ☐ Provence ☐ Barcelona

Abonnements-Nr.

Sie erhalten eine Rechnung. Bitte keine Vorauszahlung leisten.

Anzahl der Hefte Gesamtsumme

Name / Vorname

Straße / Haus-Nr. / PLZ / Ort

Tel.-Nr. / E-Mail ME 03/02

Bitte freimachen
falls Marke
zur Hand.
Oder bestellen
Sie per Fax:
040/27 17 20 64

ANTWORT

MERIAN
Sonderversand
Postfach 60 12 20

22212 Hamburg

Ein MERIAN-Abonnement bietet Vorteile:

1. 15% Preisvorteil
Sie erhalten 12 Ausgaben zum Vorzugspreis von € 6,37 pro Heft statt € 7,50 .

2. Service
Sie erhalten jede MERIAN Ausgabe pünktlich frei Haus inklusive Porto & Verpackung.

3. Vertrauensgarantie
Eine Bestellung wird erst wirksam, wenn sie nicht binnen zwei Wochen schriftlich beim MERIAN Leserservice, Postfach 60 12 20, 22212 Hamburg, widerrufen wird. Zur Wahrung der Frist genügt die rechtzeitige Absendung des Widerrufs.

4. Geld-zurück-Garantie
Nach Ablauf der Mindestbezugszeit von einem Jahr können Sie Ihr Abonnement jederzeit kündigen. Sie erhalten im Falle einer Kündigung für gezahlte und noch nicht gelieferte Hefte natürlich Ihr Geld zurück.

Bestellen Sie einfach und bequem per

MERIAN Leserservice
Postfach 60 12 20
22212 Hamburg

040 / 87 97 35 40

040 / 27 17 20 79

www.merian.de

Online geht die Reise los.

Jetzt neu: www.merian.de
Tausende von Reisezielen,
Eventkalender,
Reportagen,
Tipps & Empfehlungen

terviertel, keine reichen Leute, „wir sind eine Fußgruppe, einen Wagen können wir uns nicht leisten." Der Verein wird von Frauen geführt. „Männer haben nicht die Ausdauer beim Organisieren, ich denke, dass die ab und zu aufgeben würden."

Tradition. Noch immer zünden die „Golde Spetz", die Goldenen Spitzen, ihre große Kerze in der Veedelskirche an. Köln war zerbombt, viele im Krieg gestorben, und die ersten „Golde Spetz" legten das Gelübde ab: jedes Jahr eine Kerze zum Gedenken.

Die „Spetz", klar, viele Pänz, fahren zusammen in den Urlaub oder auch mal nach Paris ins Disneyland, sind eine Gemeinschaft, distanzieren sich vom Rosenmontagskarneval, sagen stolz: „Ehrgeizig sind wir nicht, Montag ist für uns nicht wichtig", so Silvia Göntgen, die mit ihrem Mann Hans die „Spetz" leitet.

Nur die „Klutengarde" war beim Rosenmontagszug mal dabei. Sie entstand aus dem 1908 gegründeten Jünglingsverein der Gemeinde Sankt Ursula. Ist aber, betont Jochen Höwel, kein Verein. „Wir finanzieren uns aus der Tellersammlung." Keine Vorstandswahl.

Gut, sagt Höwel, die „Kluten" wurden gefragt. Und haben halt Ja gesagt. „Es ist schon was anderes am Rosenmontag." Eine Nummer größer. Wenn sie sich in der „Schreckenskammer" treffen, ihrer Kneipe, kommt illustre kölsche Prominenz. Aber, ganz wichtig ist ihm dies: Elitär sind sie nicht. Passt nicht zu einem Veedelsverein. Zusammengefasst sagt Jochen Höwel: „Wir sind eine Fußgruppe." Dazu: „Wir haben keine eigene Musik, das wäre teuer." Weiter: „Rosenmontag, das ist doch der ernste Karneval."

Er verweist auf Namen und Kostüm. Die Hosenträger hängen herab, sind nie über den Schultern, denn Kluten, das waren Gelegenheitsarbeiter am Hafen, und die haben so ihre Hosenträger geschont. Proletarischer geht es also nicht. „Wir sind trinkfest und arbeitsscheu, aber ein Arbeiterverein."

„Ja, wir kommen aus der Arbeitersportbewegung." Wassersportfreundin Waltraud Koch unterbricht sich kurz, um woanders einzugreifen: „Doch, die Fersen müssen genäht werden, sonst sieht das nicht aus." Im Hintergrund schnurrt der Akkubohrer, summen die Nähmaschinen, hört man auf der Terrasse die Elektrosäge, woanders ein Hämmern, ein paar Pänz rasen durch.

An den zusammengeschobenen Tischen sitzen vier Frauen an Nähmaschinen, lassen sie summen. Eine fünfte steht am Bügelbrett und bändigt die roten Seidenschnüre. Frau Koch sollte das Motto geheim halten. Aber sie führt doch die Puppen vor. Es geht ums Klonen, die Wassersportfreunde werden Holzgestelle auf den Schultern tragen. Vorne dran und hinten hängt eine Puppe, sieht aus wie der Träger. Es gibt ihn also dreifach. Drei Perücken statt einer, drei Kostüme pro Person. Arbeit. Selbstgemacht.

Frau Koch: „Die ‚Klutengarde', das ist ja fast schon ein Traditionsverein, da ist der Bürgermeister Mitglied und so". Klingt abfällig, weil nach Rosenmontag. Aber auch bewundernd. Irgendwann mal geben es alle zu, sie schielen schon auf Rosenmontag, da mitzumarschieren, ist, bei allem Gemeckere, eine Ehre.

So sieht es auch Gertrud Henkenjohann. „Das wär schon was", sagt die Friseurmeisterin im Esszimmer ihres Reihenhauses. Sie organisiert „De löstige Wiever vun Sankt Georg", neunzehn Frauen mit Kindern und Männern, vor sieben Jahren hervorgegangen aus der katholischen Frauengruppe im Stadtteil Weiß.

Feine Gesellschaft: Die SCHWABENTHALER MÖSCHE sind Nachbarn oder miteinander verwandt und oft genug beides

Beim Veedelszug gibt es inzwischen drei Sieger. Früher wählte die Jury nur einen, dann unterschied sie zwischen Vereinen mit und ohne Wagen, irgendwann kam noch der Preis für Originalität. Wenn sie auch noch so achten auf den Unterschied zwischen dem Prestigekarneval, auf den sie schimpfen, diesen Niedergang an volkstümlicher Kultur, und ihrem Veedelszoch: Am Montag dabei sein zu dürfen, ist Grund für großen Stolz, durch nichts zu steigern. Bei aller Distanz eine Hassliebe zu denen, die am Montag gehen.

Die Wassersportfreunde beispielsweise, die waren mal so was wie Bayern München. 93, 94, 95, dreimal gewonnen, dreimal hintereinander beim Rosenmontagszug. Und 90 auch schon. Ja, das ist was.

***Christian Litz**, Jahrgang 1963, kommt aus einem Dorf in Baden. Er ist durch die alemannische Fastnacht von Kindheit an gegen Karneval imprägniert.* ***Petra Hartmann und Stephan Schmitz** gehören zu den wenigen Fotografen, die inszenierte Bilder von Großgruppen ablichten. Ihre Aufnahmen erschienen 2001 im Buch „En unserem Veedel".*

MERIAN-Impressum

Gegründet 1948 im Hoffmann und Campe Verlag zu Hamburg

Herausgeber: Manfred Bissinger
Chefredakteure:
Emanuel Eckardt, Wolf Thieme
Stellvertretende Chefredakteurin:
Gesa Engelschall
Textchef: Otmar Jenner
Art Directorin: Sabine Lehmann
Chef vom Dienst: Tibor M. Ridegh
Redakteure: Kathrin Sander, Charlotte von Saurma, Helga Thiessen
Redakteur dieses Heftes:
Andreas Weber
Magazin: Peter Würth
Schlussredaktion: Tibor M. Ridegh (Vertretung Jasmin Wolf)
Dokumentation: Jasmin Wolf
Mitarbeit: Thomas Hammer, Dr. Birgit Haustedt, Claudia Schmidt, Andreas Weber
Layout: Dorothee Schweizer (stellvertr. Art Directorin), Ingrid Koltermann, Cornelia Böhling, Katharina Holstein, Beate Meding
Bildredaktion: Eva M. Ohms, Hanni Rapp
Bildredakteurin dieses Heftes:
Eva M. Ohms
Kartographie: Peter Münch
Verlagsleitung: Peter Rensmann
Herstellung: Heidrun Seven
Gesamt-Anzeigenleitung (verantw.): Roberto Sprengel
Anzeigenleitung:
Christel Janßen
Anzeigenstruktur:
Patricia Hoffnauer
Vertriebsleitung:
Stefan Zastrutzki (Zeitschriftenhandel), Jan Wiesemann (Buchhandel)

MERIAN erscheint monatlich
im Jahreszeiten-Verlag GmbH
Poßmoorweg 5, 22301 Hamburg
Tel. 040/27 17-0,
Fax 040/27 17-20 56.
Anschrift der Redaktion:
Harvestehuder Weg 42,
20149 Hamburg,
Postfach 130444,
20139 Hamburg,
E-Mail: Redaktion@Merian.de
Tel. 0 40/441 88-0,
Fax 040/441 88-3 10
Website: www.merian.de
Leserservice:
Postfach 601220,
22212 Hamburg,
Tel. 040/87 97 35 40
Fax 040/27 17-20 79

Gültige Anzeigenpreisliste:
Nr. 37b. Das vorliegende Heft März 2002 ist die 3. Nummer des 55. Jahrgangs. Diese Zeitschrift und die einzelnen Beiträge und Abbildungen sind urheberrechtlich geschützt. Jede Verwertung außerhalb der engen Grenzen des Urheberrechtsgesetzes bedarf der Zustimmung des Verlages. Keine Haftung für unverlangt eingesandte Manuskripte und Fotos.

Preis im Abonnement monatlich 6,37 €, inklusive Zustellung frei Haus. Der Bezugspreis enthält 7% Mehrwertsteuer.
Postgirokonto Hamburg
132 58 42 01 (BLZ 200 100 20),
Commerzbank AG, Hamburg,
Konto-Nummer 611657800
(BLZ 200 400 00)
Führen in Lesemappen nur mit Genehmigung des Verlages.
Printed in Germany.

Litho: Alphabeta Druckformdienst GmbH, Hamburg.

Druck und Verarbeitung:
heckel GmbH, Nürnberg.
ISBN: 3-7742-6703-0

MERIAN (USPS No. 011-458) is published monthly. The subscription price for the USA is $ 110 per annum.
K.O.P.: German Language Publications, Inc., 153 South Dean Street, Englewood NJ 07631.
Periodicals postage is paid at Englewood NJ 07631, and at additional mailing offices.
Postmaster: send address changes to:
MERIAN, German Language Publications, Inc., 153 South Dean Street, Englewood NJ 07631.

Bildnachweis

o = oben, u = unten, r = rechts, l = links, m = Mitte.
Titel: Jörn Sackermann; S. 3 Dagmar Servas; S. 6/7 o Ogando, S.6 m Andrea Stappert, u Sabine Lubenow; S. 7 o Andri Pol, u Sabine Lubenow; S.10 v.o.n.u. Bernd Schuller, Ogando, H. J. Krause, Sabine Lubenow; S.12 o,r m Stefan Müller/Wallraf Richartz Museum, Im Rheinisches Bildarchiv, u Dirk Reinartz/Visum; S.16 o,m Norbert Enker/laif; S.18 o Karsten Lindemann, m Mathias Bothor/Photoselection, u Thomas Kost/laif; S. 22/23 bis 34/35 Ogando; S. 38 Dombauarchiv Köln/Matz und Schenk, S. 39 Dombauarchiv/ Thomas Schumacher, S. 40 o H.Thiel/Dombauarchiv, S. 40 u, S. 42 o Dombauarchiv/A.Wolff, S. 42 u Ogando; S. 44/45 bis 50 Andri Pol; S. 54 bis 65 Sabine Lubenow; S. 66, 69, 71 Andrea Stappert; S. 67 Johannes Wohnseifer, Galerie Gisela Capitain S. 68 Bettina Pousttchi, S. 70 Kai Althoff/Foto: Lothar Schnepf/ Galerie Daniel Buchholz, Köln; S. 72/73 bis 80 Andrea Stappert; S. 81 Sabine Lubenow; S. 82 Ogando; S. 84/85 bis 94 Sabine Lubenow; S. 97 Ogando; S.100 bis 108 Andri Pol; S. 110 bis 115 Stephan Schmitz und Petra Hartmann; S. 117, 118, 121 u, 122,124 r,133 Ogando; 124 l Rainer Hackenberg; S. 119 Michael J. Zegers, S. 120 o Fulvio Zanettini/laif; u Manfred Linke/laif; S. 126, S. 128 l Stefan Worring; S. 128 r Jens Willebrand/DuMont Buchverlag, Köln. S. 131 u, 132 o Jörn Sackermann; S. 134 Sabine Lubenow; S. 136 Henry Haselwanger; S. 142 Archiv für Kunst und Geschichte; S. 144 Ogando; S. 146 o Gerald Hänel, lu Günther Menn/Focus, ru Werner Mahler.

Kontakt

Karten aus MERIAN-Heften sind unter der Telefonnummer (089) 450 00 72 72 oder unter geomatics@ipublish.de zu bestellen.

MERIAN service Köln

Die mittelalterlichen Häuser des Fischmarkts ducken sich unter der wuchtigen romanischen Kirche Groß St. Martin

Einen stilvollen Empfang bereitet das Hotel Hopper St. Antonius mit seinem Design den Gästen

ÜBER NACHT

Hot Spot Hopper

In Köln hat sich eine neue Hotelszene etabliert. Coole Designhotels wie das Hopper St. Antonius setzen selbstbewusste Akzente.

Big Brother is watching you. Niemand entgeht diesem forschenden Blick über den Mantelkragen hinweg. Schwarzweiße Magie. L. Fritz Gruber, Erfinder der Photokina, fasst den Gast ins Auge. Sein Großfoto hinter der Rezeption regiert das schmale Foyer. Sonst gibt es nicht viel zu sehen. Ein Goldfischteich, halb so groß wie eine Parklücke. Eine futuristische Sitzgruppe. Foto-Objekte im Kunstlicht. Dieses Hotel ist ein bisschen anders als gewohnt. Der gläserne Fahrstuhl im Innenhof, mit Blick auf den kiesbestreuten Biergarten des Bistro-Restaurants Spitz. Die puristische Strenge der Hotelzimmer, in denen nichts zu finden ist, was Hotelchefs unter Gemütlichkeit verstehen.

Jörn-Carsten Bube, Chef des **Hopper St. Antonius** und des **Hopper Hotel et cetera** (bis 1974 ein Kloster der Barmherzigen Brüder zu Montabaur), ist Seiteneinsteiger. Er kommt aus der Finanzwirtschaft und hat ein Händchen für zukunftsweisende Investitionen. Weitere Hoppers sind geplant.

Früher als andere deutsche Städte hatte sich Köln als Standort kreativen Hoteldesigns profiliert. Mit dem Hotel im Wasserturm, ausgestattet von der Designerin Andrée Putman, erhielt die Domstadt ein Kleinod von internationalem Rang. Inzwischen werden die Suiten nach und nach auf amerikanischen Standard umgemodelt. Putman kaputt. Für Bube wäre solcher Stilmix ein Graus. Seine Häuser beeindrucken durch puristische Strenge und die Schönheit des Verzichts. In den Zimmern des Hopper St. Antonius findet sich kein Schnickschnack, null Deko, nicht mal ein Schrank. Die Bügel hängen offen im Raum. Kein Kissen, keine Polstermöbel. Nur eine weiße Walze als einziges Weichteil vor rechtwinklig aufragender Sofalehne.

Der Gast bewegt sich auf klaviertastenfeinem Kambala-Parkett mit Fußbodenheizung. Kein Ornament, keine Farbe. Dafür weiße Stühle von Arne Jacobsen, weiße Orchideen, weiße Wände, weiße Türen, hinter denen sich eine kleine Einbauküche verbirgt. Im Bad kontrastieren weiße Marmorfliesen aus Carrara mit einem funktionalen eckigen Handstein, Zitat aus der Frühzeit der Industriegeschichte, als dieser Bau noch Gesellenheim des Kolpingwerks war.

Der Weißheit letzter Schluss: schwarzweiße Großfotos, die jedes Zimmer schmücken. Natürlich fehlt auch der Zugang zu den Medien nicht. High-Tech für den müden City-Hopper: ein Loewe-Fernseher, über den sich ein Stehpult rollen lässt. B+O Fidelity.

Die 54 Zimmer sind, dank der denkmalgeschützten Struktur des Altbaus, individuell geschnitten. Besonders schön die im fünften Stock. Nummer 503: das Kleinste, eine charmante Klause unterm Dach. 504: die romantische Dachkammer mit Domblick. 506: die Dom-Suite. XXL und deshalb nicht ganz billig, zwei Suiten mit Küche extra.

Der Heizungskeller ist zum Theater mit 70 Sitzplätzen umgebaut. Spielplan an der Rezeption. *Emanuel Eckardt*

❶ **Hopper St. Antonius** (E 4), Dagobertstraße 32, 50668 (Altstadt Nord), Tel. 1660-0, Fax 1660-166, www.hopper.de, st.antonius@hopper.de, DZ ab 130 €, Frühstück inklusive M M

❷ **Hopper Hotel et cetera** (B 7), Brüsseler Straße 26, 50674 (Belgisches Viertel), Tel. 924400, Fax 924406, www.hopper.de, hotel@hopper.de, DZ ab 110 € M M

Die Bewertungen:

Alle Adressen im Service-Magazin sind Empfehlungen der MERIAN-Redaktion. Hotels, Restaurants, Clubs und Cafés kann zusätzlich ein MERIAN-M als Auszeichnung für besondere Leistungen über unsere Empfehlungen hinaus verliehen werden.
M sehr gut
M M herausragend
M M M nicht zu übertreffen

Alle mit einem MERIAN-M ausgezeichneten Adressen erhalten MERIAN-Urkunde und -Sticker (auf Anfrage).

❸ Antik Hotel Bristol
(C 4), Kaiser-Wilhelm-Ring 48
50672 (Innenstadt)
Tel. 12 01 95, Fax 13 14 95
www.antik-hotel-bristol.de
hotel@antik-hotel-bristol.de
DZ ab 110 € M
Das modernisierte Patrizierhaus an dem alten Prachtboulevard hat 44 Zimmer. Ihre antiken Einrichtungen – zum Teil aus einem sächsischen Herrenhaus – reichen von Empire- bis Gründerzeit-Stil.

❹ Chelsea
(B 7), Jülicher Straße 1
50674 (Belgisches Viertel)
Tel. 20 71 50, Fax 23 91 37
www.hotel-chelsea.de
chelseahotel.koeln@eurohotel-online.com
DZ ab 89 € exkl. Frühstück M
Ein äußerlich schlichter Bau aus den Fünfzigern mit bemerkenswert verschachteltem Dach. Kühle, dennoch freundliche Zimmer. Teilweise Blick in Vorkriegs-Hinterhöfe. Zur Lindenstraße hin etwas laut. Frühstück im Bistro-Café Central.

❺ Cristall
(D/E 4), Ursulaplatz 9-11
50668 (Innenstadt)
Tel. 163 00, Fax 163 03 33
www.hotel-cristall.de
hotelcristall@t-online.de
DZ ab 95 €
Design-Hotel, lichte Zimmer mit handgefertigten Kleider-Containern. Schicke Frühstückslobby. Der Hauptbahnhof ist zu Fuß erreichbar.

❻ Excelsior Hotel Ernst
(E 5), Domplatz
50667 (Innenstadt)
Tel. 27 01, Fax 13 51 50
www.excelsiorhotelernst.de
ehe@excelsiorhotelernst.de
DZ ab 255 € M M
Seit 1863 die luxuriöseste Übernachtungsmöglichkeit in Köln, Dom und Hauptbahnhof sind nahe. Das Interieur ist mit seiner klassischen Eleganz eine Mischung aus Versailles und Empire. Speisen kann der Gast in der First-Class Hansestube oder im durchgestylten Asia-Food-Restaurant Taku.

❼ good sleep
(D 5), Komödienstraße 19-21
50667 (Innenstadt)
Tel. 257 22 57/58
Fax 257 22 59
www.goodsleep.de
info@goodsleep.de, DZ ab 50 €
Schlichtes Logis für Sparfüchse, die nur ein Bett zum Schlafen wollen. Zum Teil Etagenduschen. In Dom-Nähe.

❽ Gut Wistorfs
(C 12), Olpener Straße 845
51109 (Brück)
Tel. 880 47 90, Fax 88 04 79 10
DZ ab 100 €
13 Landhausstil-Zimmer auf einem denkmalgeschützten Hofgut aus dem 16. Jahrhundert. Zwei Restaurants, Fachwerkscheune für Veranstaltungen, Biergarten. Auf der rechtsrheinischen Seite etwa 20 Autominuten in die City.

❾ Hyatt Regency Köln
(G 5), Kennedy-Ufer 2a
50679 (Deutz)
Tel. 828 12 34, Fax 828 13 70
www.cologne.hyatt.de
concierge@hyatt.com
DZ ab 165 € M M
Moderner Luxusbau mit 305 Zimmern und guten Fitness-Einrichtungen an der Hohenzollern-Eisenbahnbrücke auf der rechten Rheinseite. Fantastischer Blick über den Rhein auf Altstadt und Dom. Gute Küche (s. S. 120).

❿ Pension Jansen
(B 6/7), Richard-Wagner-Str. 18
50674 (Belgisches Viertel)
Tel./Fax 25 18 75
DZ 62 €, bei mehrtägiger Belegung 57 € inkl. Frühstück
Gründerzeithaus mit familiärer Atmosphäre, Stil der siebziger Jahre, kleine Frühstücksräume, Gemeinschaftsbäder. Preiswert. Manko: der Straßenlärm.

⓫ Lint
(E 6), Lintgasse 7
50667 (Altstadt)
Tel. 92 05 50, Fax 920 55 55
www.lint-hotel.de
contact@lint-hotel.de
DZ ab 112 € M
Zwischen Groß St. Martin und Ostermannbrunnen. Die frühere, 1957 auf Altstadttrümmern neu errichtete Pension wurde 1998 mit dunklen Hölzern und viel Glas zu einer schicken Herberge umgestaltet. Vom Frühstücksraum Blick auf das Tünnes-und-Schäl-Denkmal.

⓬ Mauritius Hotel & Therme
(C 7), Mauritiuskirchplatz 3-11
50676 (Innenstadt)
Tel. 92 41 30, Fax 92 41 33 33
www.mauritius-ht.de
info@mauritius-ht.de
DZ ab 110 €
Zweckmäßiges Drei-Sterne-Hotel, das trotz der Nähe zum Neumarkt ruhig und in grüner Umgebung liegt. Zum Haus gehören auch 21 Boardinghouse-Apartments. Für Gäste ist die Benutzung der großen Wellness- und Saunalandschafts-Therme kostenlos.

⓭ The New Yorker
(B 12), Deutz-Mülheimer-Straße 204
51063 (Mülheim)
Tel. 473 30, Fax 473 31 00
thenewyorkerhotel@netcologne.de
DZ ab 125 € exkl. Frühst. M M
Altes Mehrfamilienhaus im Mülheimer Industrieviertel der vorletzten Jahrhundertwende. Innengestaltung mit Bauhaus-Adaptionen, Industrie-Design und kühlen Zeitgeist-Elementen. Sauna, Fitnessraum, Hinterhofgarten.

⓮ Hotel im Wasserturm
(D 7), Kaygasse 2
50676 (Innenstadt)
Tel. 200 80, Fax 200 88 88
www.hotel-im-wasserturm.de
info@hotel-im-wasserturm.de
DZ ab 200 € M M M
Aus architektonischer Sicht ist der zwischen 1868 und 1872 erbaute Wasserturm seit 1990 das Top-Hotel Kölns. Die Ausstattung der schönen Designer-Herberge nähert sich zunehmend dem amerikanischen Geschmack an. Die Möbel in den 88 Zimmern sind Entwürfe der Künstlerin Andrée Putman. Originale zeitgenössischer Kunstwerke u.a. von Andy Warhol. Beeindruckender Blick vom Dachrestaurant.

MERIAN-Tipp

⓰ Grandhotel Schloss Bensberg
(C 12), Kadettenstr.
51429 Bergisch Gladbach
Tel. (022 04) 420, Fax 428 88
www.schlossbensberg.com
info@schlossbensberg.com
DZ ab 241 € exkl. Frühst.
Luxuriös logieren im repräsentativen Ambiente eines der größten Barockschlösser nördlich der Alpen. 84 Zimmer und 36 Suiten sind in fünf unterschiedlichen Kunststilen gehalten. Kuppelfresken im Treppenhaus, alte Gemälde an den Wänden, 1000 Quadratmeter Beauty- und Spa-Bereich, Grande Cuisine im Gourmet-Restaurant Vendôme.

Ein Wasserturm als Design-Hotel

⓯ Garni Ziegenhagen
(D/E 4), Plankgasse 62
50668 (Eigelstein)
Tel. 13 51 20
Fax 13 64 61
EZ/DZ ab 45/65 €
Familienhotel mit Wohnzimmeratmosphäre.

Kartoffelpuffer, in Köln Rievkooche, werden mit Apfelmus oder Tatar serviert

Rievkooche mit Biss

Im Gegensatz zu ihren seltsamen Namen ist die deftige rheinische Küche gut verdaulich

Kölsche Küche wird dort zubereitet, wo der Kölner auch sein *Stängschen Kölsch* trinkt: in den typischen Brauhäusern. Wenn Sie die *Fooderkaat* aufschlagen, so heißt die Speisekarte auf Kölsch, werden Sie feststellen, dass viele der einfachen und deftigen Gerichte in der einen oder anderen Form auch anderswo verbreitet sind, charakteristisch ist nur der Name.

Am bekanntesten ist der *Halve Hahn*. Schon mancher Fremde wurde enttäuscht, wenn er an Stelle eines halben Hähnchens ein *Röggelchen* (ein Roggenbrötchen) mit Käse bekam. Woher die Bezeichnung kommt, ist umstritten. Im Brauhaus Zum Grin an der Hohen Pforte soll ein gewisser Wilhelm Vierkötter seinen Geburtstagsgästen damit einen Schabernack gespielt haben. Nach einer anderen Überlieferung hatte ein Gast ein halbes *Röggelchen* bestellt, der Kellner ihm aber ein ganzes gebracht. Darauf der Gast zum Köbes: „Aaver isch will doch bloß ne *halve han!*"

Also wird heute ein halbes Roggenbrötchen mit Butter und Senf bestrichen, mit zwei dicken Scheiben mittelaltem Gouda belegt und mit einer sauren Gurke in Scheiben als Halver Hahn serviert. Dazu gehören vier Salzstangen. Der Gouda übrigens wird in Köln traditionell im Fassbierkeller gelagert.

Ein weiteres Brauhaus-Gericht ist *Kölsche Kaviar,* Blutwurst in Scheiben mit Zwiebelringen, einem Klacks Senf und Gewürzgurke. *Blootwoosch,* die Blutwurst, heißt hier auch *Flönz* und kommt auch in *Himmel un Ääd* auf den Teller: Mus aus Kartoffeln (*Ääd,* Erde) und Äpfeln (Himmel) wird mit gebratener Blutwurst belegt, und darüber werden noch Speckzwiebeln verteilt. Dazu braucht der Gast nicht nur ein Kölsch, sondern auch gleich einen *Schabau*, wie der Schnaps in Köln heißt.

Ähzezupp ist die in Karnevalsliedern besungene Erbsensuppe mit Speck und Mettwürstchen, abgeschmeckt mit Senf. *Rievkooche* sind Kartoffel-Reibekuchen – wahlweise mit Apfelmus oder Tatar. Werden die *Rievkooche* mit Tomaten, Schinken und Käse überbacken, entsteht eine *Kölsche Pizza.*

Muschel op rheinische Manier oder *Surbroode,* den Rheinischen Sauerbraten, der früher aus Pferdefleisch bereitet wurde, gibt es nicht nur in Köln, sondern auch im Düsseldorfer Feindesland. *Hämmchen mit soore Kappes,* im Gewürzsud gekochte Schweinshaxe mit Sauerkraut, ist ein altes Kölner Fleischgericht. Die *Kölsche Pann,* früher Franzosenschmaus genannt, ist ein Auflauf aus Kartoffeln, festen grünen Birnen und Schweinebauch. Zum Karneval gibt es süße *Mutzen,* Fettgebackenes, das andernorts als Krapfen daher kommt. *Mer hoffe, et schmeck lecker un wönsche jode Appetit.*

Klaus Trebes

Rezepte unter www.wdr.de/domcam/rezepte

Früh am Dom ist ein Hort rheinisch-deftiger Hausmannskost mit Reibekuchen, Blutwurst und „Halve Hahn"

Restaurants

❶ 4 Cani della Città
(C 6), Benesisstraße 61
50672 (Innenstadt)
Tel. 257 40 85, Fax 222 06 12
www.4cani.com
So-Do 10-1, Fr/Sa 10-2 Uhr
Hauptgericht um 12 €
Cooler In-Laden auf einem alten Tankstellengelände. Flott servierte italienische Standard-Bistrokost.

❷ Alcazar
(B 5), Bismarckstraße 39a
50672 (Belgisches Viertel)
Tel. 51 57 33, Fax 93 74 41 88
www.alcazar-koeln.de
Mo-Do 12-2, Fr 12-3, Sa 18-3, So 17-2, Küche -14.15 bzw. -23.30, So -23 Uhr
Hauptgericht um 10 €
Urgestein der Kölner Szene-Gastronomie im Stil der siebziger Jahre. Verraucht. Gute saisonale multikulti Küche, u. a. Suppen, Salate und selbst gemachte Pasteten. Meist brechend voll. Im Sommer Straßenterrasse.

❸ Alter Wartesaal
(E 5), Johannisstraße 11
50668 (Innenstadt)
Tel. 912 88 50, Fax 91 28 85 10
www.wartesaal.de
wartesaal@wartesaal.de
tgl. 18-2, Küche 18-24 Uhr
So 10.30-15 Uhr Brunch
Hauptgericht um 17 € M
Bistro-Café-Bar-Restaurant im Stil der Jahrhundertwende mit rosenholzgetäfelten Wänden und großer Rundbar. Betreiber sind Alfred Biolek und WDR-Campi-Chef Gigi Campi. Gehobene bürgerliche Küche mit internationalem Einschlag. Empfehlung: Westfälische Kartoffelsuppe (4,50 €) und Bauernhofente (17 €).
(s. auch Szene)

❹ Ambiance
(D 5), Komödienstraße 52
50667 (Innenstadt)
Tel. 922 76 52
Mo-Fr 12-15, 18-1,
Küche 12-14, 18-21.30 Uhr
Betriebsurlaub erste drei Wochen der Sommerferien
Hauptgericht um 25 €
Der Belgier Johannes Kokje hat sein Restaurant mit klassisch-französischer Spitzenküche wieder eröffnet. Elf Tische, barockes Ambiente, freundliche Beratung, und satt wird man auch. 4-Gänge-Menü 69 €.

❺ Bizim
(E 4), Weidengasse 47-49
50668 (Eigelsteinviertel)
Tel./Fax 13 15 81
Di-Fr 12-15, 18-23, Sa nur abends, Küche Di-Fr 12-13.30, 18-20.30, Sa 18-20.30 Uhr
Hauptgericht um 22 € M
Viel gelobtes, eurotürkisches Edelrestaurant zwischen Döner-Buden und Tinnef-Läden im Zentrum von „Klein-Kreuzberg". Abends Degustationsmenü (4 Gänge 50 €).

❻ Bosporus
(E 4), Weidengasse 36
50668 (Eigelsteinviertel)
Tel. 12 52 65, Fax 912 38 29
www.bosporus.de
Mo-Sa 12-24, So 18-24 Uhr
Hauptgericht um 14 €
Eines der besten türkischen Restaurants im Rheinland.

❼ Brennerei Weiß
(C 6), Hahnenstraße 22
50667 (Innenstadt)
Tel. 257 46 38, Fax 279 01 87
www.brennerei-weiss.com
Mo-Do 12-1, Fr 12-3, Sa 11-3, So 11-1 Uhr
Hauptgericht um 10 €
Ordentliche Portionen zum Mittag- und Abendessen in angenehmer Umgebung. Schwul, aber nicht schrill.

❽ Campi im Funkhaus
(E 5), Wallrafplatz 5
50667 (Innenstadt)
Tel. 925 55 55, Fax 925 55 56
Mo-Sa 8-24, So 10-24 Uhr,
Küche tgl. 12-23 Uhr
Hauptgericht um 9 € M
Italo-Bistro von Gigi Campi in der ehemaligen WDR-Tee-Stube. Italienische Küche. Publikum: Laufkunden, Journalisten, ranghohe Politiker.

❾ Die Zeit der Kirschen
(A 4), Venloer Straße 399
50825 (Ehrenfeld)
Tel. 954 19 06, Fax 954 19 08
www.dzdk.de, Mo-Fr 11.30-1, Sa 17-1, So 11-1, Küche So-Fr 12-15, 18-23, Sa 18-23 Uhr
Hauptgericht 10-15 €
Solide Küche mit asiatischen und rheinländischen Akzenten. Tipp: „Türmchen von Himmel und Äad".

❿ Domerie
(F 6), Ecke Frankenwerft 27/ Buttermarkt 42, 50667 (Altstadt)
Tel. 257 40 44, Fax 257 42 69
www.restaurantdomerie.de
Di-Sa 18-24, Küche -22.30 Uhr
Hauptgericht um 19 € M
Patrizierhaus mit barocker Einrichtung und Rheinterrasse, ein Lichtblick in der 08/15-Altstadt-Gastronomie. Französisch-elsässische Küche. Frei zusammenstellbare Degustationsmenüs (ab 40 €).

⓫ Fischers Weingenuss und Tafelfreuden
(B 7), Hohenstaufenring 53
50674 (Innenstadt)
Tel. 31 08 470, Fax 31 08 47 89
www.fischers-wein.com
Mo-Fr 12-14.30, 18.30-22, Sa bis 23, Küche 12-14, 18.30-22 Uhr
Hauptgericht um 20 €, mittags Zwei-Gänge-Menü mit Wein (15 €) M
Souterrain-Restaurant mit kühlem Marmor, offener Küche und einer begrünten Innenhofterrasse. Multikulti Cuisine und gute Weine.

⓬ Froschkönig
(B 12), Einheitsstr./Turmstr. 14
50733 (Nippes)
Tel. 73 86 87, Fax 972 50 66
www.froschkoenig.com
Mo-Fr 17.30-1, Sa/So 10-1, Küche Mo-Fr 18-23, Sa/So 10-15, 18-23 Uhr
Hauptgericht um 12 €
Szenekneipen-Restaurant mit saisonaler Frischkost, kreativ zubereitet. Viele Fischgerichte.

⓭ Graugans
(im Hyatt Regency Köln)
(G 5), Kennedy-Ufer 2a
50679 (Deutz)
Tel. 828 12 34, Fax 828 13 70
www.cologne.hyatt.de
Mo-Fr 12-15, 18.30-23 Uhr, Sa/So nur abends,
Küche 12-14, 18.30-22 Uhr
Hauptgericht um 25 € M
Lage und Küche sind top: In gediegen-elegantem Rahmen mit Blick über den Rhein auf den Dom kreiert Thomas Bähner Spitzenkost. Tipp: Sakku-Tunfisch mit Gurkenspaghetti (18 €) oder papayamarinierte Entenbrust (25 €).

Dem Herrn sei Dank für Speis' und Trank: im Restaurant Hopper in der alten Kapelle St. Maria Regina zum Rosenkranz

⓮ Hanse Stube
(E 5), Domplatz
50667 (Innenstadt)
Tel. 270 34 02, Fax 13 51 50
www.excelsiorhotelernst.de
tgl. 12-14.30, 18-24,
Küche 12-14, 18-22.30 Uhr
Hauptgericht ab 30 €
Restaurant mit sehr feinem Publikum.Die Küche ist französisch-international, der teuerste Bordeaux kostet 1180 €.

⓯ Heising und Adelmann
(C 5), Friesenstraße 58-60
50670 (Friesenviertel)
Tel. 130 94 24, Fax 130 94 25

M sehr gut MM herausragend MMM nicht zu übertreffen

www.heising-und-adelmann.de
Mo-Do 12-2, Fr 12-3, Sa 18-3, Küche bis 22.30 Uhr
Hauptgericht um 18 € M M
Nicht nur zum Essen und Trinken, sondern auch zum Feiern eine beliebte Adresse. Reinhold Adelmann erbringt mit Loup de mer mit Basilikumrisotto (19,50 €) oder Asiatischem Glasnudelsalat mit Scampi in Chilisauce (12,30 €) kulinarische Spitzenleistungen.

16 Hopper
(im Hopper Hotel et cetera)
(B 7), Brüsseler Straße 26

In Päffgens Biergarten: Der Köbes hat immer eine Stange Kölsch parat

50674 (Belgisches Viertel)
Tel. 92 44 05 00, Fax 923 34 43
www.hopper.de
Mo-Fr 7-11, 12-15, 18-1, Sa 7-11, 18-1, So 7-10, 11-15, 18-1, Küchenschluss 23.30 Uhr
Hauptgericht um 16 €
Die ehemalige Kapelle St. Maria Regina zum Rosenkranz ist der prachtvolle Rahmen dieses Restaurants für hohe Ansprüche.

17 La Patata
(F 9), Kurfürstenstraße 24
50678 (Südstadt)
Tel. 31 69 02, tgl. 18-1 Uhr
Hauptgericht um 15 € M
Spanische Wohnzimmer-Atmosphäre, etwas eng. Reichhaltige und wohlschmeckende Fisch-, Kaninchen- und Lammgerichte.

18 Mainzer Hof
(F 9), Maternusstraße 18
50678 (Südstadt)
Tel. 31 25 49, Fax 93 12 05 20
Mo-Fr 11.30-15 u. tgl. 18-1, Fr 18-2 Uhr
Küche Mo-Fr 11.30-14.30, 18.30-22.30, Sa/So 18-2 Uhr
Hauptgericht um 9 €
Wirkt wie eine bürgerliche Wirtschaft, ist aber Schmelztiegel aller Südstadt-Verwurzelten und Karnevalshochburg mit Straßenterrasse. Einfallsreiche, preiswerte Saisonküche. Tipp: Spanferkelkoteletts in Kräutersauce.

19 Messeturm
(G 4), Köln Messe
Kennedy-Ufer, 50679 (Deutz)
Tel. 88 10 08, Fax 81 85 75
So-Fr 12-22, Sa 18-22 Uhr
Hauptgericht um 22 €
Gutes Restaurant im Messeturm mit gehobener deutsch-internationalen Küche. Schöner Blick auf den Rhein.

20 Osman
(C 4), Im Mediapark 7
50670 (Innenstadt)
Tel. 574 33 11, Fax 574 33 19
www.osman-cologne.de
Mo-Do 9-1, Fr 9-3 Uhr
Hauptgericht um 14 €
Schick die Umgebung, schick das Design und schick die Gäste, die die mediterrane und deutsche Küche in der Restaurant-Café-Brasserie genießen. Terrasse.

21 Paul's Restaurant
(B 12), Bülowstraße 2
50733 (Nippes), Tel./Fax 76 68 39
www.pauls-restaurant.de
Di-So 18.30-24, Küche -21.30 Uhr, Hauptgericht um 18 € M
Vorstadtlokal im Arbeiterviertel. Nippes, früher Weinhandlung. Seit 1993 wird hier mit Anspruch fein und frisch ohne Schnickschnack gekocht.

22 Sahara
(B 6), Lütticher Straße 7
50674 (Innenstadt)
Tel./Fax 257 46 95
Di-So 18-24 Uhr
Hauptgericht um 13 €
Marokkanisch-palästinensische Kost aus dem Tontopf. Geschmacksproben von acht Vorspeisen für 15 €. Wasserpfeife zum Nachtisch 6 €. Schlichte, arabisch anmutende Einrichtung.Zum Restaurant gehört ein tgl. von 11.30-24 Uhr geöffneter Imbiss-Betrieb.

14 taku
(E 5), Domplatz
50667 (Innenstadt)
Tel. 270 39 10, Fax 13 51 50
www.o-taku.de
Di-Sa 12-14.30, 17.30-1 Uhr, So nur abends, Küche Di-Sa 12-14.30, Di-So 18-23.30 Uhr
Hauptgericht ab 25 € M
Restaurant für 50 Gäste im Keller des Hotels Excelsior. Cooles Tokio-Outfit, kleine Bar und Showküche, im Boden Wasserspiel mit Goldfischen. Ostasiatische Köstlichkeiten für Anspruchsvolle.

23 Via Bene
(C 6), Benesisstraße 60
50672 (Innenstadt)
Tel. 257 81 66, Fax 257 81 67
www.viabene.com
Mo-Sa 12-1, So 18-1 Uhr
Hauptgericht um 15 €
Pasta, Pasta, Pasta! Klassischer Italiener in loftigem Toskana-Outfit. Ganzglas-Seitenwände, Bistro-Charakter. Business- und Szene-Kunden.

24 Vintage
(C 6), Pfeilstraße 31-35
50672 (Innenstadt)
Tel. 92 07 10
Fax 920 71 19
www.weinseminare.de
vintage@t-online.de
Mo-Sa 12-1, Küche Mo-Fr 12-15, 18-23, Sa 12-23.30 Uhr
Hauptgericht um 18 € M
Für schicke Szene-Gänger und viele Prominente eine Instanz. Bistro-Ambiente, französische Saison-Küche. Rund 1000 Weine aller Preisklassen auch zum Mitnehmen. Zigarrenkabinett.

25 Zum Kornbrenner
(D 1), Neusser Straße 171
50733 (Nippes)
Tel. 73 54 51
So-Fr 17-24 Uhr
Hauptgericht um 9 €
Älteste Kneipe in Nippes mit Biergarten, freundlicher Bewirtung und großer Auswahl an deutschen Gerichten.

M sehr gut M M herausragend M M M nicht zu übertreffen

MERIAN-Tipp

26 Willy's Würstchen
(C 5), Im Klapperhof 84
50672 (Innenstadt)
tgl. 22-5 Uhr
Ursprünglich nur Bauchladen, heute Mobil-Theke. Seit 45 Jahren eine Institution, die Nachtschwärmer mit Brat-, Grill- und Siedewürsten versorgt. Lebensrat gratis.

Brauhäuser

27 Früh am Dom
(E 6), Am Hof 12-14
50667 (Altstadt)
Tel. 261 32 11, Fax 261 32 99
www.frueh.de, tgl. 8-24 Uhr
Hauptgericht (z. B. Rheinischer Sauerbraten mit Nudeln und Apfelkompott) um 12 € M
1904 als „Cölner Hofbräuhaus“ von Peter Josef Früh eröffnet. Einen Steinwurf vom Dom entfernt, 1100 Plätze, rustikales Ambiente, deftige Brauhauskost. Zum Früh gehört das etwas feinere 3-Kronen-Restaurant. Kleine, gemütliche Veedels-Filiale rechts von der Severinstorburg.

28 Päffgen
(C 5), Friesenstraße 64-66
50670 (Friesenviertel)
Tel. 13 54 61
Fax 139 20 05
www.paeffgen-koelsch.de
tgl. 10-24, Küche 11-23 Uhr
Hauptgericht um 10 €
Urgestein kölscher Brauhäuser. 1883 von Hermann Päffgen gegründet. Urig, mit Wintergarten und Platz für 600 Gäste. Deftige Küche. Die schnoddrigsten Köbese, aber das beste Kölsch. Kleiner Altstadt-Ableger am Heumarkt mit Biergarten.

29 Sünner im Walfisch
(E 6), Salzgasse 13
50667 (Altstadt)
Tel. 257 78 79
Fax 257 78 09
www.walfisch.net, Mo-Do 17-1, Fr 15-2, Sa/So 11-2 Uhr
Hauptgericht um 14 €
Traditionsreiches Brauhaus mit rustikalem Ambiente und gutbürgerlich-kölscher Küche.

Cafés

30 Böll im Wallraf-Richartz-Museum
(E 6), Martinstraße 39
50667 (Altstadt)
Tel./Fax 283 52 56
Di 9.30-20, Mi-Fr 9.30-18.30, Sa/So 10.30-18.30 Uhr
Tagesgericht 6 €
Was Heinrich Böll für die Literatur, ist Neffe Clemens für die Kölner Kneipenszene. Seit 1975 mischt der heute 56-Jährige mit. In seinem modernen Museumscafé mit Loft-Charakter gibt es Tapas und kleine Gerichte. Lukull- und Literatur-Events.

31 Fromme
(C 6), Breite Straße 122
50667 (Innenstadt)
Tel. 257 61 57, Fax 257 60 66
Mo-Fr 8.30-19, Sa 8.30-18, So 10.30-18 Uhr
Klassisches Tages-Café. VIP-Lounge-Charakter, Römermauerreste im Souterrain. Kuchen und Torten erstklassig. Snacks um 6 €. Shopping-Dependance in der Neumarktpassage.

32 Gitta's Galerie Café
(B 12/13), Marktstr. 10
50968 (Südstadt)
Tel. 38 51 11
Mo-Fr 3-14.30, Sa 3-12 Uhr
Nachtschwärmer-Frühstück in der Großmarkthalle.

33 Spitz
(E 3), Lübecker Straße 1
50668 (Agnesviertel)
Tel. 13 16 25
tgl. 9-1, So ab 11 Uhr
Szene-Café mit Blick aufs Eigelsteintor. Gemütliche Bar drinnen, idyllischer Biergarten draußen. Mehrere Filialen der Spitz-Kette, u.a. in der Ehrenstraße 43.

34 Stanton
(D 6), Schildergasse 57
50667 (Innenstadt)
Tel./Fax 271 07 10
Mo-Sa 9-1, So 11-1 Uhr
Hauptgericht um 13 € M
Bistroküche in einem Buche-Stahl-Glas-Bau des Architekten Ulrich Coersmeier hinter der Antoniterkirche. Eine Oase in der Nähe der hektischen Hohen Straße.

Gäste und Chef Lommerzheim wollen, dass in seiner Kneipe alles so bleibt wie es ist. Jede Veränderung würde nur irritieren

Der Herr der Zwiebelkoteletts

Seit 1959 betreibt Hans Lommerzheim die wohl berühmteste und skurrilste Kneipe Kölns

Zahlen!", ruft jemand. Lommi ortet die Stimme im Gewühl und bewegt sich mit gebührender Zügigkeit – nicht Eile, die gilt hier nichts – darauf zu. Er nimmt die Geldscheine entgegen, durchschreitet seine Kneipe, schiebt sich hinter die Theke, wo zwischen Zigarrenkisten und Kräuterschnapsflaschen Kleingeldhäufchen versammelt sind, zählt ab, schiebt sich erneut durch das Gedränge, händigt das Wechselgeld aus. Wortlos.

Seit über vierzig Jahren macht Lommi, alias Hans Lommerzheim, das schon so. Warum sollte er jetzt anfangen, ein Portemonnaie mit sich herumzutragen? Schließlich balanciert er auch die Teller mit den gigantischen Zwiebelkoteletts selbst aus der dampfenden kleinen Küche und trägt jeden Abend jedes leere 30-Liter-Holzfass eigenhändig hinaus, um kurz darauf ein neues hereinzurollen. Am Wochenende im Halbstundentakt. Dann teilt sich die Menschenmenge, um dem einsilbigen Zeremonienmeister Platz zu machen. Ohne ihn wäre diese Kneipe nichts anderes als eine heruntergekommene „Kaschämm" in einem abbruchreifen Haus. Die grau-braune Fassade mit den morschen Sprossenfenstern ist so verrottet, dass die Bewohner der Jugendherberge gegenüber Wetten abschließen, ob das wohl eine Filmkulisse ist, aber niemals echt, never! Am oberen Rand des einstöckigen Gemäuers der verblichene Schriftzug: Dortmunder Actien Bier. Doch aus den Fässern kommt natürlich Kölsch, feinstes Päffgen-Kölsch. Die traditionsreiche Privatbrauerei schenkt das Bier sonst nur in ihren eigenen Brauhäusern aus. Lommi, der in seinem ersten Leben Köbes bei Päffgen war, soll die Ausschank-Erlaubnis damals, 1959, noch von der alten Anna Päffgen erhalten haben.

Seither hat die Kneipe keinen neuen Anstrich mehr erfahren. Nur das Trikot des Eishockey Clubs Kölner Haie mit der Aufschrift „Lommi 10", das in einer Ecke hängt, wird gerüchteweise einmal im Jahr gewaschen. Die beiden vergilbten Hirschgeweihe sind durch vier Jahrzehnte Bierdunst und Kneipenrauch für die Ewigkeit konserviert, hohläugig glotzen sie sich an. Vielleicht haben sie einfach zu viel gesehen, zu viel gehört: Generationen von Stammgästen und Zufallsbekanntschaften, die, lange bevor Lommi den Schlüssel umdreht, auf der Straße warten, um einen Tisch zu erwischen, Skatrunden im karierten Hemd, die tratschende Nachbarschaft, BWL-Studentinnen, die Lommi für Kult halten, das Ehepaar in Abendgarderobe auf dem Heimweg, auf ein letztes Kölsch. Wenn sie Pech haben, müssen sie das woanders trinken. Um Mitternacht ist Schluss, und kurz vorher wird hier kein neues Fass mehr angeschlagen. Wo kämen wir denn da hin? *Yvonne Greiner*

1 Lommerzheim (G 6), Siegesstraße 18, 50679 (Deutz), Tel. 81 43 92, www.lommi.de, info@lommi.de, Mi-Mo 10.45-14, 16.30-24, Küche 11.30-13.30, 17.30-22 Uhr, Kotelett 7 € M

❷ All Bar One
(C 5), Friesenstraße 82
50672 (Friesenviertel)
Tel. 120 69 53, Fax 120 695 59
www.allbarone.de
Mo-Do 11-1, Fr 11-3 Uhr,
Sa 9-3, So 9-1 Uhr
Glas-Stahl-Location in Norman Fosters Ring-Karree. Drei Ebenen, loftige Show-Bar. Japanisch anmutende Gartenterrasse mit Wasserspiel.

❸ Alter Wartesaal
(E 5), Johannisstraße 11
50668 (Innenstadt)
Tel. 912 88 50, Fax 91 28 85 10
www.wartesaal.de
wartesaal@wartesaal.de
Meist 23-5 Uhr
Eintritt 6-16 €, Blue Monday 12 € incl. 6 € Getränke-Bon M
Lightshow, Laser-Kanonen und Nebelmaschinen. Fr/Sa öfter Clubpartys für Schickeria und/oder HipHop-Fans. Gay-Events.

❹ Blue Shell
(C 8), Luxemburger Straße 32
50674 (Innenstadt)
Tel./Fax 23 12 48
www.blue-shell.de
contact@blue-shell.de
So-Do 19-2, Fr/Sa 19-3 Uhr
Seit über 20 Jahren strahlen Kneipe und Muschel-Logo in sattem Blau. Minimalistischer In-Treff meist männlicher Szene-People um Dreißig. Indie-Rock, Electronic und Jazz. Poolbillard und Flipper.

❺ Café Central (Hotel Chelsea)
(B 7), Jülicher Straße 1
50674 (Belgisches Viertel)
Tel. 207 15 20
Fax 23 91 37
www.hotel-chelsea.de
info@hotel-chelsea.de
tgl. 7-3 Uhr
Hauptgerichte um 9 € M
Traditionsreiches Intellektuellen- und Künstler-Bistro. Hier feierte, sinnierte und randalierte neben anderen auch der Künstler Martin Kippenberger.

❻ Dos Equis
(C 5), Friesenstraße 62
50670 (Friesenviertel)
Tel./Fax 13 38 98
So-Do 19-2, Fr/Sa -3 Uhr M M
Enge Kneipen-Bar, sehr kommunikativ. Sammelbecken szeneerfahrener Mittdreißiger und jenseits aller Trends. Mit wetterfestem Biergarten.

❼ Ex-Corner
(B 7), Schaafenstraße 57-59
50676 (Innenstadt)
Tel. 233 60 60
www.excorner.de
tgl. 19-5 Uhr
Stehbar im Herzen des schwulen Bermuda-Dreiecks. Szene-Institution.

❽ Gründers
(C 6), Kettengasse 2
50672 (Innenstadt)
Tel. 258 90 09
tgl. 9-1 Uhr
Ruhiges Plätzchen zur Regelung von schwulen Beziehungskisten. Freundliche Farben, nette Bedienung.

❾ Hallmackenreuther
(B 6), Brüsseler Platz 9
50672 (Belgisches Viertel)
Tel. 51 79 70, Fax 58 50 80
tgl. 11-1 Uhr, Küche 11-16, 18-23 Uhr M M
Schalensessel und Kugel-TV lassen beim Kölschkippen im Stehen die Sechziger Revue passieren. Events im ausgebauten Keller. Frühstück, kleiner Mittagstisch (5-10 €), schöner Blick auf die St. Michael-Kirche.

❿ Kantine
(D 1), Kempener Straße 135
50733 (Köln-Nippes)
Tel. 972 68 36, Fax 972 68 38
www.kantine.com
kantine@kantine.com
Mo/Mi 20-1.30, Fr/Sa 22-4 Uhr
Eintritt Mo/Mi 5 €,
Fr/Sa 6 € inkl. 1 Getränk
Solange sich Eigner und Stadt um die Sanierung des ehemaligen DB-Ausbesserungswerks streiten, vergnügt sich die tanzwütige Nicht-Schickeria in der alten denkmalgeschützten Kantine des Werks. Mo/Mi My-Generation-Party ab 30, Fr Mainstream, Sa Techno und House.

⓫ Klein Köln
(C 5), Friesenstraße 53
50670 (Friesenviertel)
Tel. 25 36 76, Fax 271 25 63
So-Do 22-4.30, Fr/Sa ab 20 Uhr
Mit über 75 Betriebsjahren die älteste Nachtgaststätte der Stadt. 1995 noch halbseidene

M sehr gut M M herausragend M M M nicht zu übertreffen

Cocktails im Kölsch-Revier

Um die Kölsch-Stadt auch mit gepflegter Cocktail-Kultur vertraut zu machen, eröffnete Julia Christidou 1991 das **Rosebud**. 1997 kürte der *Playboy* diese edle klassische American-Bar zur besten Trinker-Location Deutschlands. Ein paar Schritte weiter ist die Kellerbar des **Vampire** Treffpunkt für Lesben, Schwule & Friends. Gedämpft und dezent gibt sich die auf old-English getrimmte Bar **Alexander's** mit ihrer stilvollen Innenhofterrasse im Renaissance Hotel. Als kultige Dance- und Szene-Location dagegen versteht sich das nahe **Hemingway**. Ein Publikumsmagnet der Sehen-und-gesehen-werden-wollen-People ist die Brasserie **Bruegel**, ein zweistöckiger Edelschuppen mit American Bar-Atmosphäre, wo man auch schick essen kann. Sixties und Katakombenflair bietet die Kellerbar **Capri Lounge**. Zwei Etagen höher hat sich das **Barista** etabliert, eine klassische American-Bar in gedecktem Rot mit Jazz-Soul-U-Musik als Background und gutem Weinangebot.

Gerald Penzl

⑲ **Rosebud** (B 8), Heinsbergstraße 20, 50674 (Uni-Viertel), Tel. 240 14 55, Fax 398 12 02, www.rosebud.de, Mo-Do 20.30-2, Fr/Sa 21-3, So 21-2 Uhr M M

⑳ **Vampire** (B 8), Rathenauplatz 5, 50674 (Uni-Viertel), Tel. 240 12 11, Di-Do/So 21-2 Uhr, Fr/Sa 21-3 Uhr

㉑ **Alexander's** (C 5), Magnusstraße 20, 50672 (Friesenviertel), Tel. 203 43 00, Fax 203 44 77, tgl. 10-2 Uhr

⑪ **Hemingway** (C 5), Friesenstraße 43, 50670 (Friesenviertel) Tel. 340 44 05, Fax 279 02 20, Fr/Sa 21-4 Uhr

㉒ **Bruegel** (B 6), Hohenzollernring 17, 50672 (Innenstadt) Tel. 25 25 79, Fax 257 74 75, www.bruegel.de, office@bruegel.de, Mo-Fr 11-3, Sa/So 18-3 Uhr

㉓ **Capri Lounge** (C 6), Benesisstraße 61, 50672 (Innenstadt) Tel. 820 33 60, Fax 222 06 12, tgl. 20-3 Uhr

㉓ **Barista** (C 6), Benesisstraße 61, 50672 (Innenstadt) Tel. 820 33 61, Fax 222 06 12, Di-Sa 20-3 Uhr

Beste Cocktail-Location der Bierstadt: das Rosebud

Boxer-Kaschemme, heute kultig-laute Feten-Bühne. Getanzt wird auf den Tischen. Musik von Hans Albers bis Depeche Mode. Für Leute zwischen 18 und 68.

⑫ m20
(B 6), Maastrichter Straße 20
50672 (Belgisches Viertel)
Tel. 51 96 66
So-Do 21-2, Fr/Sa -3 Uhr
Äußerlich ein Abbruchgebäude und drinnen auch nicht gerade eine „Schöner-Wohnen"-Empfehlung. Punk- und mainstreamfreie Musik, Schwerpunkt Electronic und Gitarre. U-förmige, in Schummerlicht getauchte Theke.

⑬ Marsil
(C 7), Marsilstein 27
50676 (Innenstadt)
Tel. 999 09 42, www.marsil.de
Di-So 21-2, Fr/Sa -4 Uhr
Schwule Location, so groß wie ein Wohnzimmer, nur tausendmal voller. House-Music. Französische Rotweine à la carte statt Kölsch.

⑭ Neuschwanstein
(C 6), Mittelstraße 12-14
50672 (Innenstadt)
Tel. 257 36 08
Fax 258 96 54
Mi 22-5, Fr/Sa 23-5 Uhr
Eintritt 3,50-14 €
inkl. Getränk M M
Ehemalige Tiefgarage mit zwei Ebenen, sieben Bars, zwei Tanzflächen für 1100 Leute. Dracula-, Highlander- und Heavy-Metal-Deko. Mi schwul-lesbische Family-Party, Fr Soul, HipHop und Latino, Sa House und Techno.

⑮ Petit Prince
(C 5), Hohenzollernring 90
50672 (Innenstadt)
Tel. 12 22 49 (Disko),
Tel./Fax 12 25 20 (Büro)
www.petitprince.de
kundan@netcologne.de
Di/Mi/Do/So 21-3,
Fr 23-5, Sa 22-5, So 20-3 Uhr
Eintritt Di/Mi/Do/So 3 €,
Fr/Sa 6 € M
Heiße Salsa-, Merengue- und Reggae-Rhythmen wie in Südamerika. Mi/Do/Sa/So in der ersten Stunde zusätzlich ein Salsa-Dancing-Crashkurs Publikum Mitte dreißig.

⑯ Stadtgarten Restaurant
(B 5), Venloer Straße 40
50672 (Belgisches Viertel)
Tel. 95 29 94 21, Fax 952 99 49
www.stadtgarten.de
gastro@stadtgarten.de
So-Do 12-1, Fr/Sa -2, Küche Mo-Fr 12-14.30, 18-22.30 Uhr, Sa durchgehend, So nur abends, Hauptgericht um 10 €
Für 25- bis 40-jährige Innenstädter eine Instanz, um crosskultureller Bistroküche, Jazz-Konzerten oder Dance-Events zu frönen. Großräumiges Restaurant, im Sommer Biergarten.

⑯ Studio 672
(B 5), Venloer Straße 40
50672 (Belgisches Viertel)
Tel. 95 29 94 30, Fax 952 99 49
www.stadtgarten.de
studio@stadtgarten.de
Do/Fr/Sa 22-4.30 Uhr M
Jenseits von Mainstream und Schickeria eine der ersten Musik-Adressen Kölns im Kellergewölbe des Stadtgarten-Restaurants. Do Dancehall Reggae, Fr House und Techno, Sa im Wechsel Neo-Soul, HipHop, Nu-Jazz und Techno. Gelegentlich Spitzen-DJs oder bekannte Bands.

⑰ Tiefenrausch
(B 5), Hohenzollernring 89-93
50672 (Innenstadt)
Tel. 562 63 86 (Disko),
510 60 72 (Büro), Fax 510 60 72
www.tiefenrausch.org
tiefenrausch@gmxpro.de
Fr/Sa 23-5 Uhr, Eintritt 7,50 €
plus 5 € Mindestverzehr M
Hübsch aufgemachter Tanz-Schuppen für ebenso hübsch aufgebrezeltes Club-Volk. Über Treppen und Stege verbundenes Keller-Labyrinth. Die DJs auf einer Art Kanzel unter der Decke spielen meist House.

⑱ Transfert
(C 6), Hahnenstraße 16
50667 (Innenstadt)
Tel 258 10 85
www.transfert.de
So-Do 12-1, Fr/Sa 12-3 Uhr
Café-Bar ohne Gedrängel für jüngeres, meist schwules Publikum. House-Music, DJ und Aliens-Dekor.

Kölner Clubs im Internet:
www.clubland-cologne.de

Simone de Beauvoir als Schutzpatronin der Frauenbewegung vor dem außen trutzigen, innen lichten Bayenturm

SEHENSWERT

Turm der Frauen

Werden wir in fünfzig Jahren noch wissen, wer Alice Schwarzer war? In Köln gibt es einen Ort wider das Vergessen

Hinter den mächtigen Mauern des Bayenturms schlummern Zeugnisse der Frauenbewegung aus jüngster Zeit. Darunter verblasste Ausgaben des *Stern*: „Ich habe abgetrieben", bekannten in der Ausgabe vom 6. Juni 1971 Hunderte von Frauen – angestachelt durch Alice Schwarzer. Neben solchen Preziosen harrt Alltagsgut der Wiederentdeckung: Plakate, Flugblätter („Frauen erwacht, wir sind die Macht!") oder lila Buttons mit einem Frauenzeichen, dem Ring mit nach unten gerichtetem Kreuz.
Alice Schwarzer gründete 1984 den „Frauenmediaturm" als Feministisches Archiv und Dokumentationszentrum. Damals lag der Bayenturm, einst Teil des mittelalterlichen Befestigungsrings um Köln, durch den Krieg noch in Schutt und Asche. Dass er 1994 nach dem Wiederaufbau in die Hände radikaler Feministinnen fiel, war „ein Glücksfall für die Stadt", wie eine Archivmitarbeiterin sagt. „Sonst hätte sich wohl wieder irgendein Karnevalsverein den Turm eingesackt." So aber kann heute Alice Schwarzer von hoher Warte den Blick über den Rhein schweifen lassen oder über die Dächer der nahen Südstadt: In der dritten Etage des Bayenturms hat sie sich ihr Büro eingerichtet. Ein Stockwerk höher liegt die stundenweise auch öffentlich zugängliche Bibliothek: ein schnörkelloser lichter Raum mit Galerie und Glaskuppel, mit Luken in alle Himmelsrichtungen und Regalreihen mit 25 Jahrgängen der Zeitschrift *Emma*.
Der Hamburger Mäzen Jan Philipp Reemtsma brachte mit zehn Millionen Mark (5,1 Millionen Euro) die Einrichtung des Archivs großzügig voran, und weil mit dem Geld und dessen Zinsen sparsam – manche sagen: knauserig – gewirtschaftet wurde, reicht es noch für Zukunftspläne. Der Bestand soll um Film- und Tonaufnahmen erweitert werden. Sternstunden der Fernsehunterhaltung wie im Jahre 2001 die Diskussion zwischen Alice Schwarzer und Verona Feldbusch dürften also der Nachwelt erhalten bleiben.

Anke Sparmann

1 Frauenmediaturm im Bayenturm
(F 9), Bayenturm, Rheinuferstraße Höhe Ubierring, 50678 (Altstadt), Tel. 931881-0, Fax 93188118, www.FrauenMediaTurm.de, womeninfo@frauenmediaturm.de, Führungen Mi 17 Uhr, nur nach telefonischer Voranmeldung

Sehenswürdigkeiten

Stadtrundgang unter www.merian.de

2 Altstadt (E 5/6)
Das im Krieg stark zerstörte Martinsviertel wurde komplett restauriert und ist mit seiner vielfältigen Kneipen-, Brauhaus- und Restaurant-Szenerie ein Hauptanziehungspunkt. Ein Gang durch die schmalen kopfsteingepflasterten Gassen vermittelt einen Hauch des alten Colonia. Bis ins 10. Jahrhundert lagen Teile der heutigen Altstadt auf einer Rheininsel. Nach der Zuschüttung des Flussarms siedelten sich Händler und Kaufleute an und bauten Handwerks- und Patrizierhäuser.

3 Dom
(E 5), Domkloster 4
50667 (Innenstadt)
www.koelner-dom.de
Informationszentrum Domforum: Tel. 92 58 47 20
Führungen: Tel. 925 84 73
Mo-Fr 10-18.30, Sa 10-17, So 13-17 Uhr
www.domforum.de
An der Stelle des Doms gab es mehrere Vorläuferkirchen, darunter den 870 vollendeten karolingischen Dom. Die 1164 aus Mailand als Kriegsbeute überführten vermeintlichen Gebeine der Hl. Drei Könige gaben den Anstoß für den Dombau. 1248 wurde der Grundstein gelegt, 1560 jedoch wurden die Arbeiten aus Geldmangel eingestellt. Preußenkönig Friedrich Wilhelm IV., dem der Dom ein nationales Anliegen war, ordnete 1842 den Weiterbau an. Seit der Fertigstellung 1880 zählt der Dom mit 145 Metern Außenlänge, 86 Metern Breite und über 157 Metern Turmhöhe zu den eindrucksvollsten Bauten der Welt. Sehenswert sind der Chorraum, der Schrein der Hl. Drei Könige, die unterirdische Schatzkammer und Stephan Lochners „Dombild". Aussichtsplattform in 97 Meter Höhe auf dem Südturm.

4 EL-DE-Haus
(D 5), Appellhofplatz 23-25
50667 (Innenstadt)
Tel. 22 12 63 31, Fax 22 12 55 12
www.museenkoeln.de/ns-dok/fs_start.html
Di-Fr 10-16, Sa/So 11-16 Uhr
Eintritt 2,50 €
Früherer Firmensitz des Geschäftsmanns Leopold Dahmen. 1935 nötigte ihn die Gestapo zum Verkauf, bezog das so genannte El-De-Haus und richtete im Keller Gefängnis- und Folterzellen ein. Jetzt ist das Gebäude Gedenkstätte. In den früheren Zellen sind Wandschriften von Gefangenen zu sehen. Eine Ausstellung dokumentiert die Schrecken der Nazizeit in der Dom-Metropole.

5 Kölnarena
(B 12), Willy-Brandt-Platz 3
50679 (Deutz)
Tel. 80 21, Fax 802 22 99
www.koelnarena.de
contact@koelnarena.de
Mit rund 84 000 Quadratmetern Nutzfläche und 18 000 Sitzplätzen Europas größte Multifunktionshalle. Hier spielt u.a. der Kölner Eishockey Club KEC Haie.

MERIAN-Tipp

Rhein-Sightseeing
Am schönsten stellt sich Kölns Rheinkulisse auf einer Schiffstour dar. Im Angebot sind einstündige Panoramafahrten, Brunch- und abendliche Dancing-Törns sowie ganztägige Ausflüge zum Drachenfels, nach Zons oder Mainz. Ticketverkaufsstelle und Anleger befinden sich am linksrheinischen Ufer zwischen Hohenzollern- und Deutzer Brücke.

6 KD Köln Düsseldorfer Deutsche Rheinschifffahrt AG
(F 6), Frankenwerft 35
50667 (Altstadt)
Tel. 208 83 18
Fax 208 83 45
www.k-d.com, info@k-d.com
Einstündige Tour 5,60 €

7 Mediapark
(C 3/4), Im Mediapark
50670 (Neustadt)
www.mediapark.de
Auf dem stillgelegten Güterbahnhof Gereon ist ein futuristisch anmutendes Ensemble im Stil von Klein-Manhattan und grüner Vorstadt entstanden. Zu dem Komplex gehören u.a. die Stadtsparkasse-Stiftung Kultur (www.sk-kultur.de), Photographische Sammlung, Deutsches Tanzmuseum und Deutsches Tanzarchiv Köln, Akademie för uns kölsche Sproch etc., das Literaturhaus, ein Luxushotel, das Multiplex-Kino Cinedom mit 3600 Plätzen, Restaurants und diverse Szenekneipen. Die Grünanlagen sind im Sommer beliebter Freizeit-Treff.

8 Melatenfriedhof
(A 6), Zugang über Aachener Str.
50931 (Ehrenfeld)
April-Okt. 7-20, Nov.-März 8-17 Uhr
Vor seiner jetzigen Nutzung war Kölns größter und schönster Friedhof der Verbannungsort für Leprakranke sowie Hinrichtungsstätte für Verbrecher und Hexen. Beim Spaziergang durch die parkartige Begräbnisanlage wird ein Stück Stadtgeschichte wach. Kölner, die Rang und Namen hatten, ruhen in zumeist pompösen Grabmausoleen.

9 Rheinpark
(G 3/4), rechtsrheinisches Ufer, mit der Bahn bis Bahnhof Deutz/Messe oder mit der Seilbahn vom Zoo
Kölns beliebteste innerstädtische Grünfläche, 40 Hektar groß, wurde zu wilhelminischer Zeit angelegt und zweimal (1957 und 1971) für die Bundesgartenschau herausgeputzt. Schöne Spazierwege, Blumenanlagen, Kinderspielplätze, Schmalspur- und Sesselbahn. Im Norden grenzt der Park an das Thermalbad Claudius-Therme und die Rheinseil-

Romanische Kirchen

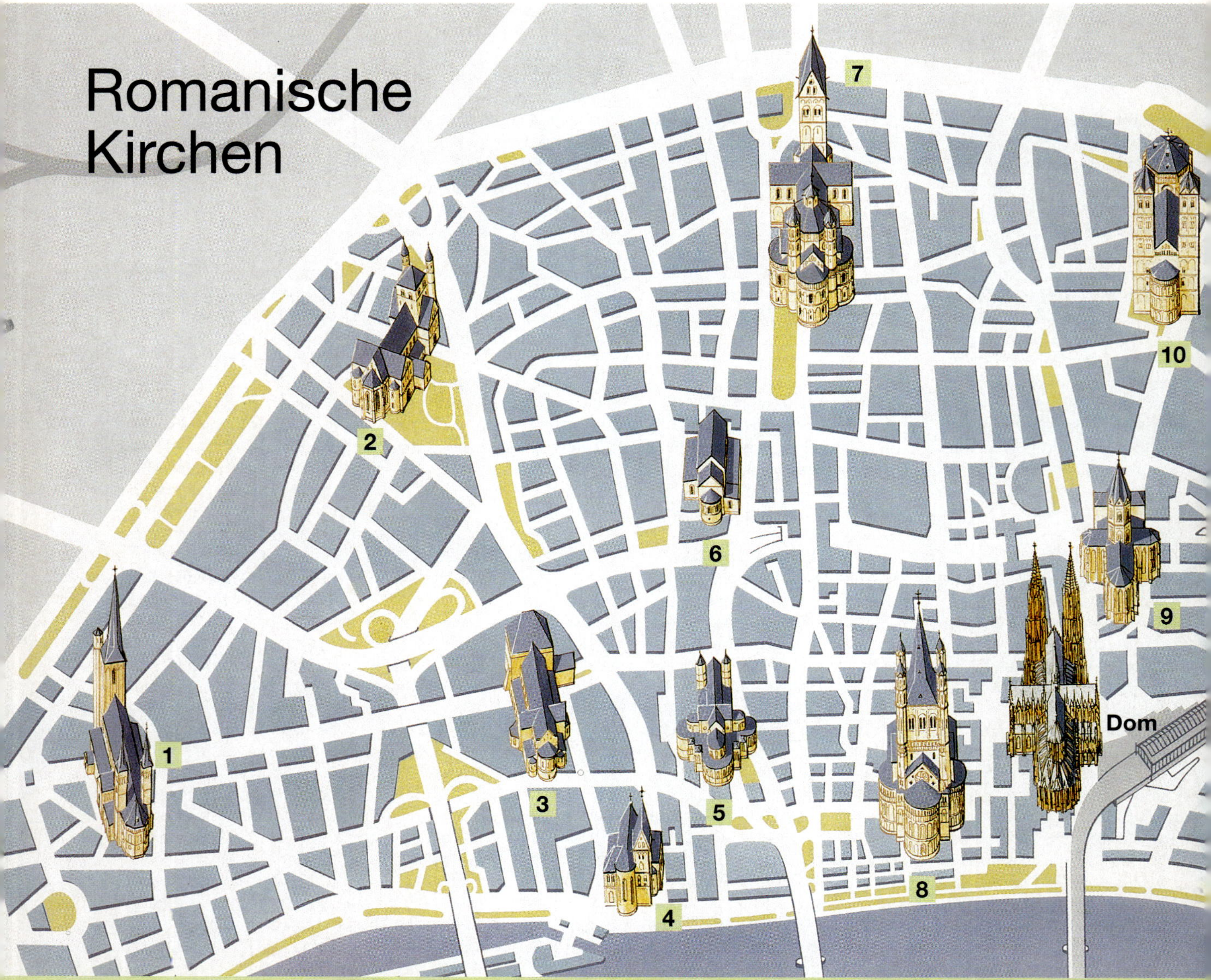

Bereits vor dem Dombau war Köln wie Jerusalem, Trier und Rom „Heilige Stadt" – seiner vielen romanischen Kirchen wegen. Zwölf von ihnen sind erhalten. Zu den eindrucksvollsten Gottshäusern zählen St. Aposteln, St. Gereon, das Wahrzeichen der Altstadt, Groß St. Martin, auch „Dom der Südstadt" genannt, St. Severin und St. Ursula.

1 St. Severin
Severinstraße
Durch Veränderungen und Erweiterungen spiegelt die Kirche die Baukunst vom 10. Jahrhundert bis zur Spätgotik wider.

2 St. Pantaleon
Am Pantaleonsberg
Ottonischer Bau, 980 geweiht und somit älteste romanische Kirche Kölns.

3 St. Georg
Waidmarkt/Ecke Georgstraße
Ist seit dem Wiederaufbau nach dem Krieg die einzige romanische Säulenbasilika im Rheinland.

4 St. Maria Lyskirchen
An Lyskirchen
Kleinste unter den romanischen Kirchen Kölns. Gewölbemalereien aus dem 13. Jahrhundert.

5 St. Maria im Kapitol
Marienplatz
Über dem Fundament des römischen Kapitolstempels errichteter salischer Bau mit reicher Ausstattung. Große Krypta.

6 St. Cäcilien
Cäcilienstraße
Museum Schnütgen (Sammlung mittelalterlicher Sakralkunst, zugänglich wieder ab Herbst 2002). Reste gotischer Wandmalereien im Langchor.

7 St. Aposteln
Apostelnkloster
Der ottonische Kirchenbau ist durch die um 1200 angefügte Dreikonchenanlage ein Hauptwerk der rheinischen Romanik.

8 Groß St. Martin
An Groß St. Martin
Klosterkirche des 13. Jahrhunderts. Schöne Dreikonchenanlage, mächtiger Vierungsturm.

9 St. Andreas
Komödienstraße
In der Krypta, die auf das 11. Jahrhundert zurückgeht, steht der Sarkophag von Albertus Magnus. Gotische Chorhalle aus dem 15. Jahrhundert.

10 St. Gereon
Gereonskloster

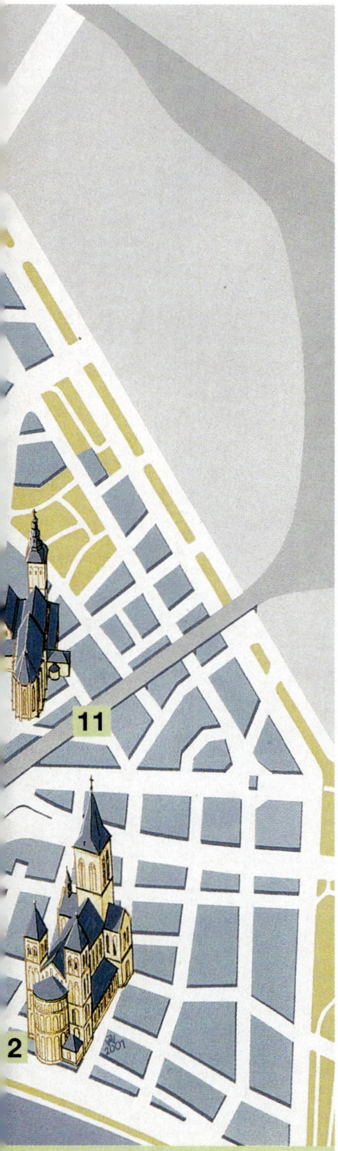

Einer der bedeutendsten mittelalterlichen Sakralbauten des Okzidents. Der römische Ovalbau im Innern stammt aus dem 4. Jahrhundert.

11 St. Ursula
Ursulaplatz
Damenstiftskirche, 1135 zu Ehren der Heiligen Ursula auf einem römischen Gräberfeld geweiht. In der Goldenen Kammer die Reliquien der ursulanischen Jungfrauen.

12 St. Kunibert
Kunibertskloster
Jüngste der romanischen Kirchen. Glasfenster um 1250.

bahn, im Süden an den Tanzbrunnen (Open-Air-Bühne) und das Lokal Rheinterrassen.

10 Rheinseilbahn
(G 2), Station Zoo: Riehler Straße 180
50735 (Riehl)
Station Rheinpark: Auenweg
Tel. 547 41 84
Fax 547 41 80
www.koelner-seilbahn.de
April-Okt. tgl. 10-18 Uhr
Hin- und Rückfahrt 5,50 €
Die erste Seilschwebebahn Europas über einen Fluss verkehrt vom Zoo bis zum Rheinpark. Mehr als 12 Millionen Fahrgäste haben seit 1957 die einen Kilometer lange Fahrt über den Rhein genossen.

11 Ring-Karree
(C 5), Hohenzollernring 72-74
50597 (Friesenviertel)
Das von dem Stararchitekten Norman Foster entworfene Ring-Karree, ein 16-stöckiger Büro- und Business-Komplex mit 5700 Quadratmetern Grundfläche, ist eine Lobpreisung der Hypermoderne. Sehr eindrucksvoll: die Innenhof-Terrasse der All Bar One.

12 Südstadt (E/F 8/9) (Severinsviertel)
Seit der zweiten Hälfte des 19. Jahrhunderts durch die Schokoladenfabrik Stollwerck geprägtes Viertel mit Gründerzeitarchitektur und Arbeiterwohnbauten. Hier lebte Heinrich Böll. Wiege der Kölsch-Rockgruppe BAP und Kiez des urkölschen Kleinbürgertums, vieler Ausländer, der Szene und der Achtundsechziger. Sehenswert: Severinskirche, die mittelalterliche Severinstorburg, der Bayenturm am Rhein und der Rheinauhafen.

13 Zoo
(G 1), Riehler Straße 173
50735 (Riehl)
Tel. 778 50
www.zoo-koeln.de
info@zoo-koeln.de
Sommer tgl. 9-18, Winter tgl. 9-17 Uhr, Erwachsene: 7€, Kinder 3,50 €, Mo außer an Feiertagen 50 Prozent Rabatt
Einer der schönsten Tierparks in Deutschland mit vielen Kinderprogrammen.

Museen
(www.museenkoeln.de, außer Schokoladenmuseum)

14 Käthe Kollwitz Museum
(C 6), Neumarkt 18-24
50667 (Innenstadt/Neumarkt)
Tel. 227 23 63, Fax 227 37 62
www.kollwitz.de
info@kollwitz.de
Di-Fr 10-18, Sa/So 11-18 Uhr, Eintritt 2,50 €
Im 4. Stock der Neumarktpassage befindet sich die größte Sammlung von Kollwitz-Werken.

15 Kölnisches Stadtmuseum
(D 5), Zeughausstraße 1-3
50667 (Innenstadt)
Tel. 221 257 89, Fax 221 241 54
www.museenkoeln.de/ksm/index.html
ksm@ksm.museenkoeln.de
Di 10-20, Mi-So 10-17 Uhr
Eintritt 3,60 €
Streifzug durch das Geistes-, Wirtschafts- und Alltagsleben der Stadt vom Mittelalter bis zur Gegenwart. Das Museumsgebäude war einst städtisches Waffenarsenal.

16 Museum Ludwig
(E 5), Bischofsgartenstraße 1
50667 (Innenstadt)
Tel. 221 261 65, Fax 221 241 14
www.museenkoeln.de/ludwig/index.html
ml@ml.museenkoeln.de
Di 10-20, Mi-Fr 10-18, Sa/So 11-18 Uhr
Eintritt 7,70 €
Hochkarätige Sammlung der Mäzene Peter und Irene Ludwig und Josef Haubrich. Schwerpunkte: Deutscher Expressionismus, Russische Avantgarde (vor und nach der Revolution), Surrealismus, Picasso, Pop-Art und Gegenwartskunst seit den siebziger Jahren. Im EG befindet sich die Agfa Photo Historama mit alten foto- und drucktechnischen Geräten (s. S. 80).

17 Römisch-Germanisches Museum
(E 5), Roncalliplatz 4
50667 (Innenstadt)
Tel. 221 244 38, Fax 221 240 30
www.museenkoeln.de/rgm/index.html
roemisch-germanisches-museum@stadt-koeln.de
Di-So 10-17 Uhr
Eintritt je nach Ausstellung
Zu Füßen des Doms ist die Gründungsgeschichte der Stadt dokumentiert. Zu den berühmten Exponaten eines der meistbesuchten Museen in Deutschland zählen das Dionysos-Mosaik (um 220/230 n. Chr.) und das 14,70 Meter hohe Grabmal des Poblicius.

18 Schokoladenmuseum (Imhoff-Stollwerck-Museum)
(F 7), Rheinauhafen 1a
50678 (Südstadt)
Tel. 931 888 0, Fax 931 888 14
www.schokoladenmuseum.de
service@schokoladen museum. de
Di-Fr 10-18, Sa/So 11-19 Uhr
Eintritt 5,50 €, Familienticket 15 €
Die 3000-jährige Geschichte des Genussmittels Kakao wird

Begegnung auf sichere Distanz: Leopard und Kinder im Zoo

Köln ist in der Antike verwurzelt: Grabsteine im Römisch-Germanischen Museum

in einem modernen Ausstellungsgebäude am Rhein präsentiert.

Galerien

(www.galerienkoeln.de)

4 Daniel Buchholz
(D 5), Neven-DuMont-Straße 17
50667 (Innenstadt)
Tel. 257 49 46, Fax 25 33 51
www.galeriebuchholz.de
post@galeriebuchholz.de
Di-Fr 11-18, Sa 11-15 Uhr
Malerei, Skulpturen, Objekte und Rauminstallationen. Auch nach 15 Jahren ist die Galerie ihrer Experimentierfreudigkeit treu geblieben. Vertreten sind u.a. die Künstler Wolfgang Tillmanns, Isa Genzken, Lucy McKenzie und Kai Althoff. Zur Galerie gehört ein Buch- und Papierantiquariat.

19 Borgmann Nathusius
(B 7), Moltkestraße 32
50674 (Belgisches Viertel)
Tel. 271 86 00, Fax 271 86 01
www.borgmann-nathusius.de
bornat2000@t-online.de
Di-Fr 14-18, Sa 11-16 Uhr
Umtriebige Newcomer-Galerie, die sich auf junge amerikanische Künstler konzentriert. Auch für schmalere Sammler-Budgets.

20 Gisela Capitain
(B 6), Aachener Straße 5
50674 (Belgisches Viertel)
Tel. 25 66 76, Fax 25 65 93
www.artnet.com/gcapitain.html
info@galerie-capitain.de
Di-Fr 10-13, 14-18, Sa 11-16 Uhr
Spezialisiert auf zeitgenössische deutsche und amerikanische Kunst der Achtziger undNeunziger, u.a. Martin Kippenberger, Günther Förg und Albert Oehlen.

21 Gmurzynska
(B 13), Goethestraße 65a
50968 (Marienburg)
Tel. 37 64 40, Fax 37 87 30
www.gmurzynska.com
galerie@gmurzynska.com
Mo-Fr 9.30-13 u. 14-18,
Sa 10-14 Uhr
Das rote, kubusförmige Gebäude im vornehmen Stadtteil Marienburg ist eine der ersten Adressen zur Kunst der Russischen Avantgarde und Klassischen Moderne. Preise zwischen 1250 € und zweistelligen Millionen-Beträgen.

22 Karsten Greve
(D 6), Drususgasse 1-5
50667 (Innenstadt)
Tel. 257 87 37, Fax 257 10 13
www.artnet.com
www.galerie-karsten-greve.com
galerie.greve@t-online.de
Di-Fr 10-18.30, Sa 10-16 Uhr
Künstler der internationalen Avantgarde nach 1945. Eine der besten Kunstadressen.

23 Johnen + Schöttle
(E 10), Maria-Hilf-Straße 17
50677 (Südstadt)
Tel. 31 02 70, Fax 310 27 27
www.johnen-schoettle.de
mail@johnen-schoettle.de
Di-Fr 10-13 u. 15-18,
Sa 11-15 Uhr
Eine alte Hinterhof-Fabrik gibt den Rahmen für zeitgenössische Kunst der letzten 30 Jahre. Schwerpunkt Fotografie: Jeff Wall, Thomas Ruff und Candida Höfer.

24 Monika Sprüth/ Philomene Magers
(D/E 10), Wormser Straße 23
50677 (Südstadt)
Tel. 38 04 15/16, Fax 38 04 17
www.monikasprueth.com
art@monikasprueth.com
Di-Fr 10-13 u. 15-18,
Sa 11-16 Uhr
In den lichten Räumen einer früheren Wäscherei präsentiert

Land des Lächelns in Leverkusen

Bayer hegt und pflegt einen japanischen Garten am Rhein. Vater der ungewöhnlichen Liaison zwischen dem Chemiekonzern und dem fernöstlichem Landschafts-Idyll ist Carl Duisberg. Der Gartenliebhaber und Firmen-Direktor ließ den Garten 1912 neben seiner Villa in Leverkusen anlegen. Er wollte jedoch keine bestehenden Anlagen kopieren, sondern japanische, chinesische und westliche Elemente zu einem harmonischen Kunstwerk zusammenfügen. Duisberg selbst brachte von seinen vielen Reisen durch Asien Bronze- und Steinfiguren sowie Steinlaternen mit.
1959 musste der Garten dem Bau des Bayer-Hochhauses weichen und wurde neben dem modernen Kommunikationszentrum der Firma neu angelegt. Attraktionen der rund 10 000 Quadratmeter großen Anlage auf einer Insel in einem künstlichen See sind die Wasserspiele, rot lackierte kleine Brücken und ein Teehaus. Blässhühner, Mandarin-Enten, Zierkarpfen und Wasserschildkröten beleben Duisbergs Garten.
Vor allem gegen Ende des Winters, wenn Kamelien, Zaubernüsse, Zierkirschen und Magnolien ihre Blütenpracht zeigen, wird der nur zehn Kilometer Luftlinie vom Kölner Dom entfernte Miniatur-Park zum beliebten Besucherziel.

25 Japanischer Garten
(B 11), Kaiser-Wilhelm-Allee
am Bayer-Hochhaus
51368 Leverkusen
Mai-Sept. 9-20,
Okt.-April 9 Uhr bis Einbruch der Dunkelheit, Eintritt frei

Fernöstliche Pracht im Japanischen Garten von Bayer

Monika Sprüth konzeptionelle Kunst des 20. Jahrhunderts. Vertreten sind u.a. Peter Fischli & David Weiss, Andreas Gursky, Jenny Holzer, Cindy Sherman, Rosemarie Trockel.

Musik, Theater, Trash, Comedy

(www.theaterszene-koeln.de)

26 Comedia

(E 8), Löwengasse 7-9
50676 (Südstadt)
Tel. 399 60 10
Fax 21 56 39
info@comedia-koeln.de
Eintritt ab 14,50 €
Vor- und nachmittags das renommierte Kinder- und Jugendtheater „Ömmes und Oimel", abends Theater, Kleinkunst und Kabarett.

27 Gloria

(C 6), Apostelnstraße 11
50667 (Innenstadt)
Tel. 258 36 56, Fax 258 17 96
www.gloria-theater.com
info@gloria-theater.com
Café: Mo-Do 10-23, Fr 9 Uhr bis Veranstaltungsende, Sa 10 Uhr bis Veranstaltungsende, So 10-1 Uhr, Club: Fr u. Sa 23-5 Uhr, Theater: veranstaltungsabhängige Zeiten
Nach jahrelang meistens schwul-lesbischen Events nun Veranstaltungen unter dem Motto „Die Mischung macht's". Mo-Do Theater und Konzerte, Fr/Sa Club-Disco und/oder Themenpartys. Als Reminiszenz an die alten Zeiten je einmal im Monat U27 (für Schwule unter 27), Ladies Night (Lesben) und Gay Club.

28 Hänneschen Theater

(E/F 6), Eisenmarkt 2-4
50667 (Altstadt)
Tel. 258 12 01, Fax 22 12 84 88
(Spielplan und Reservierung Mi-So 10-14 Uhr)
www.haenneschen.de
Haenneschen@Stadt-Koeln.de
Das traditionelle Kölner Stockpuppentheater führt Stücke für Kinder und Erwachsene auf.

29 Hotel Timp

(E 6), Heumarkt 25
50667 (Altstadt)
Tel. 258 14 09, Fax 258 45 29
www.timp.de, mail@timp.de
tgl. 11-4 Uhr, Travestie-Show ab 1 Uhr
Eintritt frei, So-Do Erstgetränk 8 €, Fr/Sa 13 €
Verrauchte Kaschemme mit frech-frivoler Herren-Damen-Show und jahrzehntelanger Tradition.

20 Millowitsch-Theater

(B 6), Aachener Straße 5
50674 (Innenstadt)
Tel. 25 17 47, Fax 272 73 72
(Theaterkasse Di-Fr 16-20, Sa 14-20, So 14-17 Uhr)
www.millowitsch.de
millopit@netcologne.de
Eintritt 22-26 €
Volkstümliche kölsche Schwänke, aber auch Revue, Kabarett und Konzerte. Nach dem Tod von Willy Millowitsch übernahm Sohn Peter 1999 die Leitung des seit 1792 bestehenden populären Theaters.

30 Musical Dome

(E 5), Goldgasse 1/ hinter dem Hauptbahnhof
50667 (Innenstadt)
Tel. 577 92 30
Fax 577 92 35
(Kartenvorbestellung: Tel. 577 90)
www.saturdaynightfever.de
Eintritt ab 33 €
Der Seventies-Dance-Film mit einschlägigen Bee-Gee-Hits als Musical im blauen Kuppelzelt an der Rückseite des Hauptbahnhofs. 40 Tänzer.

31 Musikhochschule Köln

(E 4), Dagobertstraße 38
50668 Köln (Altstadt)
Tel. 912818-0
Fax 131204
www.mhs-koeln.de
Renommierte Hochschule mit Studiengängen von Katholische Kirchenmusik bis Elektronische Komposition. Meistens freier Eintritt zu Konzerten.

16 Philharmonie

(E 5), Bischofgartenstr. 1
50667 (Innenstadt)
Hotline 28 02 80
Fax 20 40 82 22
www.koelner-philharmonie.de
feedback@koelnmusik.de
Konzerte von hohem Anspruch unter Leitung des Intendanten Albin Hänseroth in einem der schönsten Konzertsäle der Welt.

Sportlicher Spaß: mit dem Fahrrad die Rheinwiesen bei Poll entlang – und doch rasch wieder in der Stadt

AKTIV

Auf den Sattel und über die Brücken

Mal links-, mal rechtsrheinisch: Fahrradtouristen zwischen Großstadttrubel und Naturerlebnis

Mit dem Fahrrad kann man Orte erreichen, zu denen man sonst kaum gelangt, und dabei eine Stadt direkter erleben. Auf der linken Rheinseite neben der Deutzer Brücke vermietet Jörg Böttcher von Rent-a-Bike stunden-, tage- oder wochenweise Fahrräder, Tandems und Scooter, die modernen Tretroller. Neben dem Verleih bietet er seinen Kunden auch geführte Stadterkundungen, Biergarten- und Kirchen-Touren auf Rädern an.

Böttcher hat einige verkehrssichere Routen durch Köln ausgearbeitet. Klassiker ist die große dreistündige Stadtrundfahrt, die in der Saison täglich um 13.30 Uhr an der Rent-a-Bike-Station in der Altstadt beginnt und zunächst über die Deutzer Brücke führt.

Nach einem kleinen Kurs in Stadtgeschichte mit Blick aufs linksrheinische Ufer fährt die Radlergruppe zurück über die Hohenzollernbrücke aus wilhelminischer Zeit zum Dom, dann zum Rathausplatz, Schokoladenmuseum und Rheinauhafen über den belebten Neumarkt nach St. Gereon. In der Neustadt wird der Media-Park besucht, ehe sich die Teilnehmer bei einem kleinen Umtrunk in einer der Szenekneipen des Agnes-Viertels entspannen. Durch den Norden der Stadt führt die Velo-Route zum Zoo. Über die Zoobrücke erneut auf die rechtsrheinischen Seite gelangt, genießen die Zweiradausflügler die gemütliche Fahrt durch den weitläufigen Rheinpark, ehe sie über die Deutzer Brücke den Strom zum letzten Mal passieren und die Endstation Altstadt ansteuern.

Geführte Tagestouren in und um Köln veranstaltet auch der ADFC. Bei Schwierigkeitsgraden zwischen „leicht" (ab 20 Kilometer in flachem Gelände) und „sehr schwer" (über 100 Kilometer mit entsprechenden Steigungen), reicht das Angebot vom Radfahren nach Feierabend mit anschließendem Biergartenbesuch bis zur schweißtreibenden Rund-um-Köln-Tour. *Gerald Penzl*

❶ Rent-a-Bike Kölner Fahrradverleih-Service (F 6), Markmannsgasse, 50667 (Altstadt), Tel. 0171-629 87 96, Fax 72 36 27, www.koelnerfahrradverleih.de, bike@cologne-hotels.com, April-Oktober tgl. 9-18 Uhr, Radmiete pro Tag 10 €, Tour: tgl. 13.30 Uhr, 15 € inkl. Leihrad mit 5-Gang-Schaltung

❷ Allgemeiner Deutscher Fahrrad-Club (ADFC), Kreisverband Köln (E 8), Im Sionstal 8, 50523 (Südstadt), Tel. 32 39 19 (Bürozeiten: Di/Do 10-13 und 17-19 Uhr), Fax 32 69 86, www.adfc-nrw.de, adfc@is-koeln.de, Fahrräder sind mitzubringen, frühzeitige Anmeldung empfohlen. Kosten für Nichtmitglieder pro Tour ca. 3,50 €

Fitness

3 Forum Fitness Studios
(B 5), Venloer Straße 41
50672 (Innenstadt)
Tel. 52 88 10, Fax 51 13 86
www.CologneDanceCenter.de
info@CologneDanceCenter.de
Mo/Mi/Fr 10-22, Di 8-23,
Do 10-23, Sa/So 10-20 Uhr,
Tageskarte 15 €
Kleineres Studio ohne Bodybuilding-Anspruch. Tanz-, Fitness- und Aerobic-Kurse im 50 Meter entfernten Dance Center.

4 Gym Fitness
(B 6/7), Richard-Wagner-Str. 12
50674 (Innenstadt)
Tel./Fax 258 11 58
Mo-Fr 6-24, Sa 8-23 Uhr,
So 10-22 Uhr, Tageskarte 13 €,
Monatskarte 77 €
In einem stilvollen weiß gekalkten Gewölbekeller aus der Zeit der Jahrhundertwende wird vor allem Geräte-Training angeboten, es gibt aber auch Fitnesskurse, die imTrend liegen. Sauna und Terrasse. Etwa die Hälfte der Gäste sind Schwule und Lesben.

Inline

5 Dom Sports
(C 12), Alter Deutzer Postweg 221a, 51107 (Rath-Heumar), Tel. 86 13 31
www.domsports.de
domsports@hotmail.com
Mo-Do 14-22, Fr 14-1, Sa 11-1,
So 11-22 Uhr, Tageskarte 5,50 €
Skate, BMX und Inline in einer 2000 Quadratmeter großen Halle.

Joggen/Laufen
(Info: www.laufen-in-koeln.de)

6 Walking-Treff Weidener Sportfreunde e.V.
(A 12), Informationen:
Antoinette Scheicht
Tel. (022 34) 756 94
Gruppen gemischten Alters. Treffpunkt So 10 Uhr vor dem Schild „Laufend in Form" an der Waldweg-Zufahrt neben dem Parkplatz der Jahnwiese gegenüber dem Müngersdorfer Stadion.

Klettern

7 Bronx Rock Kletterhalle
(B 14), Vorgebirgsstraße 5
50389 Wesseling
Buchungs-Hotline:
018 03-02 76 69 (Mo-Fr 9-16 Uhr)
www.bronxrock.de
info@bronxrock.de
Mo-Fr 9.30-23, Sa/So 10-22 Uhr
Tageskarte Mo-Fr 10,50 €, Sa/So 11,50 €, Ausrüstungsverleih
2500 Quadratmeter Kletterfläche bis zu 16 Meter Höhe. Ambitionierte müssen Klettererfahrungen nachweisen oder einen Grundkurs (3 Std. 50 € für Eintritt und Ausrüstung) belegen.

MERIAN-Tipp
Bei Anruf Sport

Spontan Lust auf körperlichen Ausgleich? Das Wann und wo beantwortet die Hotline „Köln bewegt sich". Ein sportbegeisterter Mitarbeiter der Stadtverwaltung Köln erklärt Interessenten gern alle Angebote, Bedingungen und Termine.
Tel. 346 83 46
Mo-Fr von 10-17 Uhr
www.koelnbewegtsich.de

8 Deutscher Alpenverein Sektion Rheinland-Köln
(C 7), Clemensstraße 5-7
50676 (Innenstadt)
Tel. 240 67 54, Fax 240 67 64
info@dav-koeln.de
www.dav-koeln.de
Di/Do/Fr 15.30-18.30 Uhr
Klettern an den rechtsrheinischen Widerlagern der Hohenzollernbrücke mit Blick auf den Dom. Gekraxelt wird nur bei Tageslicht zwischen 1. März und 31. Oktober. Informationen auch unter Tel. 760 23 05.

Schwimmen

9 Agrippabad
(D 7), Kämmergasse 1
50676 (Innenstadt)
Tel. 279 17 30
Fax 279 17 32 02
www.koelnbaeder.de
Mo-Fr 6.30-22.30, Sa/So 9-21,
Fitness Mo-Fr 6.30-22,
Sa/So 10-18 Uhr
Saunalandschaft, Sole- und Wellenbecken, großzügig ausgestattete Wellness- und Fitnessbereiche.

6 Stadionbad
(A 12), Aachener Str./Stadion
50933 (Müngersdorf)
Tel. 279 18 40, Fax 279 18 42
www.koelnbaeder.de
je nach Wetter Mai -Sept.
Mo-Fr 11-20, Sa/So 9-20 Uhr
Acht Schwimmbecken, 20 000 Quadratmeter Liegefläche in der Nähe des Stadtwalds.

Wellness

10 Claudius-Therme
(G 3), Sachsenbergstraße 1
50679 (Deutz)
Tel. 98 14 40
Fax 981 44 12
www.claudius-therme.de
info@claudius-therme.de
tgl. 9-23 Uhr
Tageskarte 22 €
Römisch anmutende Sauna- und Badelandschaft mit viel Marmor im Rheinpark für bis zu 2000 Gäste. Zehn Becken mit Wassertemperaturen zwischen 20 und 36° C.

11 Mauritius-Therme
(C 7), Mauritiuskirchplatz 3-11
50676 (Innenstadt)
Tel. 92 41 37 10, Fax 92 41 33 33
www.mauritius-ht.de
info@mauritius-ht.de
tgl. 9-24 Uhr, Tageskarte 20 €
Badanlage auf 3500 Quadratmetern in einer früheren Markthalle. Sieben Saunen, zwei Dampfbäder und Solebecken.

12 Savoy
(E 4), Turiner Straße 9
50668 (Innenstadt)
Tel. 162 33 33, Fax 162 32 00
www.savoy-koeln.de
tgl. 10-23 Uhr, Eintritt 28 €,
Hotelgäste 18 €,
Behandlungen ab 53 €
Wellness-Oase im orientalischen Stil im Basement des Savoy Hotel. Rasulbäder und Ayurveda-Synron-Massage. Gäste, die nicht im Savoy wohnen, zahlen außer dem Eintritt mindestens für eine Beauty- oder Wellness-Behandlung.

Dom zu verkaufen

Traditions-Souvenirs, Kunst und Kleidung: In Köln macht der Einkaufsbummel Spaß

Es soll Zeiten gegeben haben, da schaufelten Kölner römische Grabfelder auf und verkauften die Knochen als Reliquien von Heiligen an fromme Pilger. In Köln ist eben alles zu haben.

Wer auf Shopping-Tour geht, muss sich nicht auf die Einkaufspaläste der Hohen Straße und Schildergasse beschränken – er findet sich auch rechts und links der einstigen römischen Flaniermeile zurecht. In der Mittel-, Pfeil- und Ehrenstraße gibt es vor allem Junges und Anspruchsvolles. Dabei steht die Mittelstraße für teure Label-Kleidung, die Pfeilstraße zieht Kunden mit Individualitäts-Anspruch an, und die Ehrenstraße hat sich dem Motto „hip und frech" verschrieben.

Wer das typische Köln-Souvenir sucht, wird fündig in der **KölnGalerie**, einem Mini-Laden mit Witzigem, Poppigem und seriösen Arbeiten von Kölner Künstlern. Preise zwischen 25 und 3000 €. Köln und Kunst verbinden sich auch bei **Art Promotion**. Hier erinnern Henry Haselwangers Dom-Siebdrucke an die Werke von Andy Warhol. Seit 1994 bringt der Kölner den Dom in immer neuen Farben, Formen und Formaten aufs Papier. Preise zwischen 23 und 92 €.

Wie das Wahrzeichen Dom gehören Karnevalsorden zu den Kölner Mitbringseln. Sie sind, vor allem nach der Saison, im kleinen **Museum Kölner Karnevalsorden** erhältlich.Dort gibt es auch Köbes-Figuren.

In dem kleinen, feinen Shop **Farina gegenüber** vis-à-vis dem Wallraf-Richartz-Museum pflegt Johann Maria F. Farina in der achten Generation die Tradition des 1709 gegründeten und damit ältesten Kölnisch-Wasser-Herstellers und hat auch Schmuck- und Seiden-Artikel im Angebot. Das heute unter dem Namen **4711 Echt Kölnisch Wasser** bekannte Duftwasser gibt es seit gut 200 Jahren. In die Glockengasse locken das gesamte Sortiment und kuriose Souvenirs.

Große und kleine Fans der „Sendung mit der Maus, mit der der *WDR* Geschichte schrieb, kommen bei **Maus & Co.** auf ihre Kosten: Dort gibt es Maus-Artikel vom Bleistift über den Hosenträger bis zum Grips-Vorschul-PC. *Gerald Penzl*

Thema von Henry Haselwangers Siebdrucken ist der Dom in vielen Varianten

1 **KölnGalerie** (E 7), Mühlenbach 15, 50676 (Innenstadt), Tel. 941 76 04, www.koelngalerie.de, Di-Fr 11-19, Sa 11-16 Uhr

2 **Art Promotion** (B 12), Dürener Str. 64-66, 50931 (Lindenthal), Tel. 40 50 60, Fax 40 81 65 Mo-Do 9-16.30, Fr 9-15, Sa 10-15 Uhr und nach Vereinbarung

3 **Museum Kölner Karnevalsorden** (E 6), Unter Käster 12, 50667 (Altstadt), Tel. 25 29 81, Fax 25 21 24, www.koelner-karnevalsorden.de, muenzhandel@aol.com, Mo-Fr 15-18 Uhr

4 **Farina gegenüber** (E 6), Obenmarspforten 21, 50667 (Altstadt), Tel. 294 17 09, Fax 257 17 09, www.Farina1709.com, info@Farina1709.com

5 **4711** (D 6), Glockengasse 4711, 50667 (Innenstadt), Tel. 925 04 50, Fax 925 04 51, www.4711.com

6 **Maus & Co.** (D 6), WDR-Arkaden, Breite Straße 6-26, 50667 (Innenstadt), Tel. 257 21 34, Fax 257 21 36

Antiquitäten

7 Antiquitäten Georg Fahrbach
(C 6), Pfeilstraße 28/30
50672 (Innenstadt)
Tel. 257 54 25/26
Fax 257 54 29
georgfahrbach@hotmail.de
Exklusive Möbel und Wohn-Accessoires des 18. und 19. Jahrhunderts und alte Kamine.

Bekleidung

8 Città
(C 6), Ehrenstraße 69
50672 (Innenstadt)
Tel. 257 49 63, Fax 25 51 96
(B 6), Flandrische Str. 4
50674 (Belgisches Viertel)
(nur Männermode)
Ebenso trendige wie teure Mode für Mittzwanziger mit Klassik-Wear u. a. von Gucci, Jil Sander, Yamamoto.

9 Déjà vu
(E 6), Brückenstraße 17
50667 (Innenstadt), Tel. 25 56 00
Factory-Outlet für zeitlos-klassische Damenmode. Bis zu 70 Prozent Nachlass auf die Vorjahresmode bekannter Designer.

10 Hüte nach Maß
(C 5/6), Friesenwall 102 a
50672 (Innenstadt)
Tel. 25 45 35
Mo-Fr 12.30-18.30, Sa 11-14 Uhr
Jürgen Eifler macht Hüte und Kappen im Stil der dreißiger und vierziger Jahre. Zu den Kunden gehören u.a. Wim Wenders und Mario Adorf.

11 Loft
(C 6), Ehrenstraße 80-82
50672 (Innenstadt)
Tel. 925 55 26
Fax 925 55 28
Mo-Fr 11-20, Sa 10-16 Uhr
Laden für Leute von 18 bis 28, die für In-Jeans und Label-T-Shirts gerne Geld ausgeben.

12 Gesine Moritz
(C 6), Pfeilstraße 23
50670 (Innenstadt)
Tel. 258 46 83
Fax 92 16 79 10
www.gesine-moritz.de
gesine-moritz@t-online.de
Mo-Fr 11-19, Sa 11-16 Uhr
Die ebenso eigenwillige wie erfolgreiche Designerin schneidert seit zwanzig Jahren Schlichtes, Avantgardistisches und Pompöses.

Bücher

13 Buchhandlung am Eigelsteintor
(E 3), Eigelstein 126
50668 (Eigelsteinviertel)
Tel. 12 31 39, Fax 13 51 48
Erste türkische Buchhandlung in Köln. Deutsche Literatur und türkische Importe (s. S. 84)

14 Buchhaus Gonski
(C 6), Neumarkt 18a
50667 (Innenstadt)
Tel. 20 90 90, Fax 20 90 23 59
www.bouvier-gonski.de
gonski@books.de
Seit 1927 eine der kulturellen Institutionen der Stadt. Literaturbühne mit Stars der Szene.

15 Gleumes
(B 7), Hohenstaufenring 47-51

50674 (Innenstadt)
Tel. 21 15 50, Fax 24 94 17
www.landkartenhaus-gleumes.de, webmaster@landkartenhaus-gleumes.de
Mo-Fr 9.15-18.30, Sa 10-15 Uhr
Deutschlands größte Buchhandlung für Reiseliteratur, Globen und Karten.

⑯ Buchhandlung König
(C 6), Ehrenstraße 4
50672 (Innenstadt)
Tel. 20 59 60, Fax 205 96 40
www.buchhandlung-walther-koenig.de, order@buchhandlung-walther-koenig.de
Seit 1968 Fundgrube für Neuerscheinungen, Antiquarisches und Avantgardistisches aus Kunst, Architektur, Fotografie und Film.

⑭ Mayersche Buchhandlung
(C 6), Neumarktgalerie
50667 (Innenstadt)
Tel. 20 30 70, Fax 203 07 10
www.mayersche.de
info-koeln-gal@mayersche.de
500 000 Bücher auf drei Etagen in der Neumarktgalerie. Kulturveranstaltungen unter dem Titel „Mayersche Live“.

Diverses

⑰ Balloni
(B 12), Ehrenfeldgürtel 88-94
50823 (Ehrenfeld)
Tel. 51 70 76, Fax 52 73 77
www.balloni.de, info@balloni.de
Mo-Fr 9.30-19, Sa 9.30-15 Uhr
Dorado für ausgefallene und schrille Deko- und Präsentartikel. Show-Room.

⑱ Blumen Schnieders
(E 6), Heumarkt 69
50667 (Altstadt)
Tel. 258 11 80, Fax 25 68 41
Mo-Fr 8-13.30, 15-19, Sa 8-16 Uhr
Betörende Rosen-Arrangements.

⑯ DOM
(C 6), Ehrenstraße 18-26
50672 (Innenstadt)
Tel. 25 23 45, Fax 25 28 32
www.dom-ck.com
Mo-Fr 11-20, Sa 10-16 Uhr
Entzückende Verkäufer präsentieren Design und Kitsch.

⑭ Gummi-Grün
(C 6), Richmodstraße 3-7
50667 (Innenstadt)
Tel. 25 30 46, Fax 25 30 48
Mo-Fr 9-18.30, Sa 9-14 Uhr
Biotop für Nostalgiker. Aus Kästen, Schachteln und Schubläden zaubert das echt kölsche Verkaufspersonal jede erdenkliche Plastik- und Elastikware.

Musik

⑲ A-Musik
(D 7), Kl. Griechenmarkt 28-30
50676 (Altstadt)
Tel. 510 75 91, Fax 510 75 92
www.a-musik.com
Mi/Do 12-19, Fr 12-20, Sa 12-16 Uhr
Fundgrube für Experimentelles und für Mouse-on-Mars-Fans.

⑳ Formic
(B 5), Brüsslerstraße 75
50672 (Belgisches Viertel)
Tel. 952 54 20, Fax 952 54 21
sales@formic.de, www.formic.de
Mo-Fr 11-19, Sa 11-16 Uhr
Klassischer Techno und US-Importe, eigene Labels wie Forte und Electrocord.

㉑ Groove Attack
(B 6), Maastrichter Straße 49
50672 (Belgisches Viertel)
Tel. 52 20 37, Fax 52 20 39
info@grooveattack.com
www.grooveattack.com
Mo-Fr 12-19.30, Sa 9-16 Uhr
Black Music, HipHop, Drum'n' Bass, Jazz. Eigene Produktionen als GAP und Superrappin.

㉒ Kompakt
(B 6), Brabanter Straße 42
50672 (Belgisches Viertel)
Tel. 257 87 38, Fax 257 8752
laden@kompakt-net.de
www.kompakt-net.de, Mo-Fr 11.30-19.30, Sa 11-16 Uhr
Laden mit eigenen Labels.

Reiseplanung

Routenplaner Karten für die Anreise zum Zoomen, die Wegbeschreibung als Tabelle zum Ausdrucken **www.shellgeostar.de**

Flughafen Virtueller Wegweiser, Abflug- und Ankunftszeiten – auch per SMS aufs Handy **www.airport-cgn.de**

Wetter Vorhersage für die nächsten drei Tage **www.wetteronline.de/city/dldl/10513v.htm**

Nahverkehr Online die besten Verbindungen mit den Kölner Verkehrs-Betrieben finden **www.kvb-koeln.de**

Fahrradverleih Mietpreise und nach Themen geführte Radrundfahrten **www.koelntouristik.de/rent-a-bike/**

Grandhotel Schloss Bensberg Das vielleicht schönste Luxushotel des Rheinlandes ist eines der größten Barockschlösser Europas. Modernster Wohnkomfort in 84 Zimmern und 36 Suiten **www.schlossbensberg.com**

Hopper Hotel et cetera Stilvolles Design-Hotel in den Mauern eines ehemaligen Klosters im Herzen Kölns **www.hopper.de/etcetera/deutsch/Lage.html**

Mediterana Andalusisch-maurisches Wellnesszentrum vor den Toren Kölns: Relaxen inmitten von Palmen, Olivenbäumen und Wasserkaskaden **www.mediterana.de**

Info-Portale

Köln.de Wer will, erhält hier seine kölsche E-Mail-Adresse. Auch Adressensuche per digitalem Stadtplan und Tausende von Links **www.koeln.de**

Stadt Köln Die virtuellen Seiten des Rathauses mit Bürgerservice und der Rubrik Köln Tourismus **www.stadt-koeln.de**

Köln online Tagesaktueller Programmkalender **www.koeln-online.de/heute**

Kölner Die Termine der Stadtillustrierten im Web und viele Kleinanzeigen **www.koelner.de**

Die Kölner Stadtinfos online: Geschichte, Medieninfos und Branchen von A-Z **www.die-koelner.de**

Kölner Brett Alles auf einem Brett im Web: übersichtliches Infoportal mit weiterführenden Links zu den Themen Freizeit, Hotels und Museen **www.koelner-brett.de**

NetCologne Der Internet-Provider der Stadt mit vielen Serviceseiten und 20 000 Köln-Links **www.netcologne.de**

Virtuelle Reisen

Sprache Die „Akademie för uns kölsche Sproch" fördert mit Seminaren die Lokalsprache **www.koelsch-akademie.de**

Wörterbuch Hochdeutsch-Kölsch und Übersetzungen von Schimpfwörtern **www.coelle.de/koelsches**

Kochrezepte Kölsche Küche für Anfänger und Kenner mit Halve Hahn, Surbroode, Himmel un Ääd **www.wdr.de/domcam/rezepte**

Bier Kölsch, die einzige Sprache, die man auch trinken kann: 20 Bierdeckel zum Anklicken: **www.koelner-brauerei-verband.de**

EL-DE-Haus NS-Dokumentationszentrum: virtueller Rundgang im Web und interaktive Datenbanken **www.museenkoeln.de/ns-dok/fs_start.html**

1. FC Köln Für die Fans des Bundesligaclubs **www.fc-koeln.de**

Kölner Haie Die offizielle Homepage der Eishockeygesellschaft **www.haie.de**

Harald Schmidt Seine Monologe zum Anklicken und Blick hinter die Kulissen der TV-Show **www.sat1.de/haraldschmidt**

Musik Links auf 20 Seiten von Musikern, Software RealPlayer erforderlich **http://jlobal-koelsche-sigge.de/musik/index.html**

Musik Komm Veranstalter der Popkomm, der weltweit größten Messe für Popmusik und Entertainment **www.musikkomm.de**

Karneval Kölle Alaaf: wie ein altes Buch gestaltete Seiten mit Begriffen, Terminen, Links und kölschen Originalen **www.karneval.de**

Webcam Jede Minute ein neues Bild vom Wahrzeichen Dom **www.wdr.de/domcam**

Internet-Café Der Futurepoint liegt in der City beim Neumarkt, Ecke Richmodstraße/Wolfsstraße, Mo-Fr 9-20.30, Sa 9-22 Uhr geöffnet **www.futurepoint.de**

Klar und übersichtlich auf einen Klick: MERIAN online mit der interaktiven Lounge für Leser und User und dem Shop zum Bestellen weiterer Hefte und Reiseführer unter www.merian.de

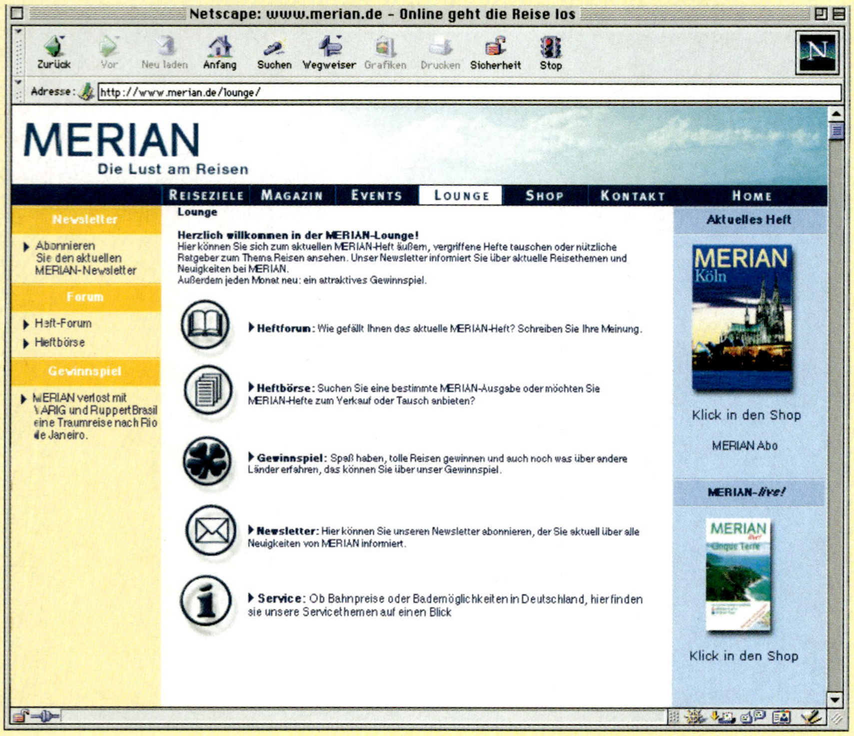

▶ Sämtliche Links direkt zum Anklicken unter **www.merian.de/magazin**

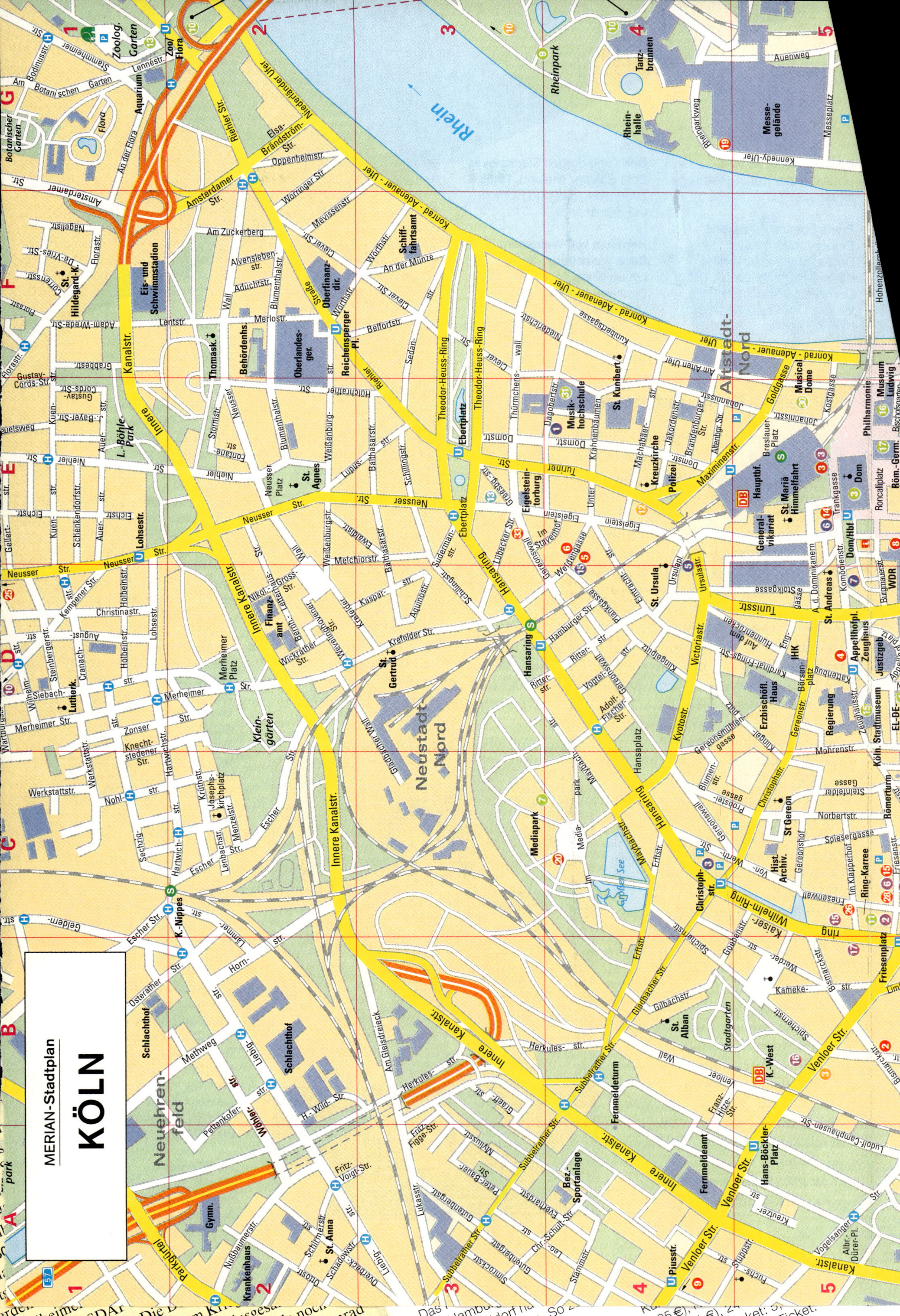

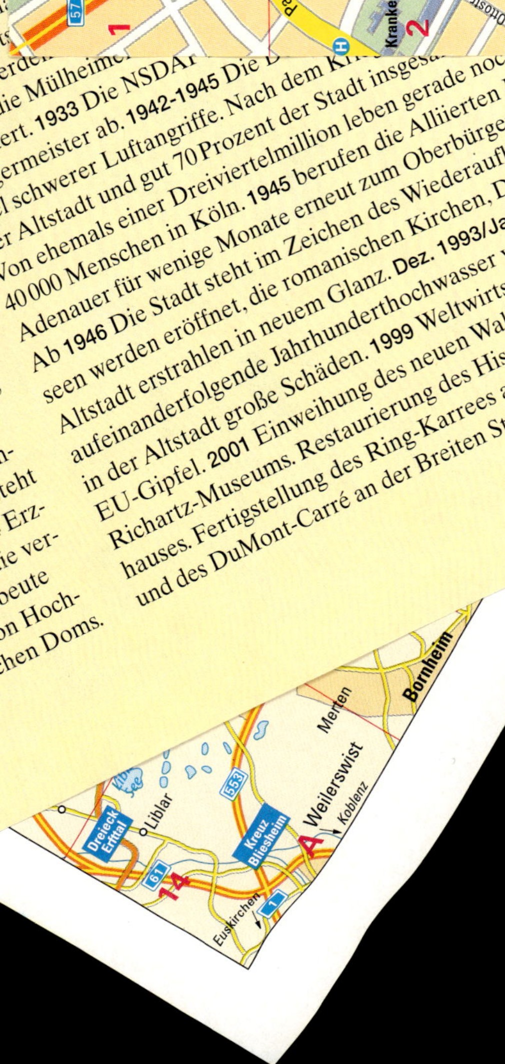

...erden...
...ie Mülheime...
...ert. **1933** Die NSDAP...
...germeister ab. **1942–1945** Die ...
...l schwerer Luftangriffe. Nach dem Kr...
...er Altstadt und gut 70 Prozent der Stadt insgesa...
Von ehemals einer Dreiviertelmillion leben gerade noch
40 000 Menschen in Köln. **1945** berufen die Alliierten Konrad
Adenauer für wenige Monate erneut zum Oberbürgermeister.
Ab 1946 Die Stadt steht im Zeichen des Wiederaufbaus: Museen werden eröffnet, die romanischen Kirchen, Dom und Altstadt erstrahlen in neuem Glanz. **Dez. 1993/Jan. 95** Zwei aufeinanderfolgende Jahrhunderthochwasser verursachen in der Altstadt große Schäden. **1999** Weltwirtschafts- und EU-Gipfel. **2001** Einweihung des neuen Wallraf-Richartz-Museums. Restaurierung des Historischen Rathauses. Fertigstellung des Ring-Karrees am Friesenplatz und des DuMont-Carré an der Breiten Straße.

...n-
...teht
...Erz-
...te ver-
...beute
...on Hoch-
...chen Doms.

Das ...
von Hambu...
und Düsseldorf ...
Mo-Fr vier, Sa eine, So 2...
Verbindungen.

Konrad-Adenauer-Flughafen Köln-Bonn
(C 13), Waldstraße 247
51147 (Porz)
Tel. (022 03) 400

K...
0,85 €), ...
(Kinder 1 €), 2...
Stadtgebiet-Ticket: 5,...
3-Tage-Stadtgebiet-Ticket:
12,95 €.

Weinhändlers spielt im ausge-
...den Mittelalter.

...(Hrsg.), Das
...Bilder-

Messen

Köln Messe
(G 4/5), Messeplatz 1
50679 (Deutz), Tel. 821-0
www.koelnmesse.de
Mit 40 internationalen Fach-
...essen für 25 Branchen und
...ftszweige der Messe-
...eins.

Oberbürgermeister Konrad Adenauer (Mitte rechts) mit Reichspräsident Friedrich Ebert bei der Erö...

INFO: GESCHICHTE

Colonia und Köln

Die Römer, die Hanse und Konrad Adenauer prägten die Rhein-Metropole

38 v. Chr. Der römische Feldherr Marcus Agrippa siedelt den loyalen westgermanischen Stamm der Ubier am linksrheinischen Flussufer an. Der Ort wird Oppidum Ubiorum genannt. **15 n. Chr.** Julia Agrippina, die spätere Gemahlin des Kaisers Claudius, wird in Oppidum Ubiorum geboren. **50 n. Chr.** Auf Agrippinas Betreiben wird Oppidum Ubiorum Stadt römischen Rechts und erhält den Namen Colonia Claudia Ara Agrippinensium. **Um 70** Fertigstellung der vier Kilometer langen Stadtbefestigung. **90** Kaiser Domitian erhebt CCAA zur Hauptstadt der Provinz Niedergermanien. **310** Die Stadt erhält eine feste Rheinbrücke zum rechtsrheinischen Kastell Divitia (heute Deutz). **Um 460** Mit dem ... des römischen Imperiums kommt Colonia in den Mach... reich der Franken. Das Praetorium, der römische Sta... Palast, wird Residenz der Merowingerkönige. **881** ... sche Normannen legen Köln in Schutt und Asche. ... Bruder König Ottos I., übernimmt die Ämter d... schofs und des Stadtherrn. Der Flussarm zwis... sel und römischer Stadtmauer wird zugeschü... die Rheinvorstadt mit der Kirche Groß St. ... bischof und Stadtherr Rainald von Dasse... meintlichen Gebeine der Hl. Drei Köni... von Mailand nach Köln. **1248** Erzbisch... staden legt den Grundstein für den ...

1349 Als angebliche Verursa... den die Juden vertrieben. **1**... lösen Handwerkerzünfte ... wird Köln Freie Reichs... allem im Englandhan... **16. Jh.** wirtschaftliche... **1794** Mit der Einm... endet Kölns Sta... den französisch... sen und dem ... Königreich... Dom ein... dung a... Dom... for... n...

Info und Reservierung Tel. 28 01
Mo-Fr 8-20, Sa 9-16,
So/Fei 10-16 Uhr
www.koelnticket.de (Info, Service u. Online-Bestellung)
Infos, Vorverkauf und Reservierung von Veranstaltungen nicht nur in Köln.

Stattreisen Köln
(E 6), Bürgerstraße 4
50667 (Innenstadt)
Tel. 732 51 13, Info-Line: 73 80 95
Fax 732 53 02, Büro: Mo-Fr 10-13 u. Mo/Di/Do 14-16 Uhr
www.stattreisen-koeln.de
info@stattreisen-koeln.de
Stadtführungen, die wenig mit den touristischen Standardprogrammen zu tun haben. Etwa 45 Touren, davon sechs speziell für Kinder.

Frauengeschichtsverein
(E 7), Marienplatz 4
50676 (Innenstadt)
Tel. 24 82 65
Fax 240 35 87
Büro Di u. Do 10-15 Uhr
www.frauengeschichtsverein.de
kfgv@netcologne.de
Rundgänge, Bootsfahrten und Führungen von Frauen nicht nur für Frauen.

Infos für Homosexuelle

www.koeln.gay-web.de/

Checkpoint
(E/F 7), Pipinstr. 7
50667 (Altstadt)
Tel. 92 57 68 68/69
www.checkpoint-cologne.de
So-Fr 17-21, Sa 13-21 Uhr
Anlaufstelle, auch Aidsberatung.

VORSCHAU SARDINIEN

Seit der Antike ein Tor zur Welt: die Pier an der Via Roma in Cagliari

Rasante Tradition: Das Karnevalsfest der Sartiglia von Oristano ist voller magischer Zeremonien

Ein rosa schimmerndes Meer: Flamingoschwärme in der Bucht von San Teodoro

- Mehr italienisch als sardisch: Die Hauptstadt Cagliari
- Reiter im Rausch: Die mittelalterlichen Spiele von Oristano
- Von den Wonnen des Käses: Der wahre Pecorino
- Familienkrieg über Generationen: Schweigepflicht, Selbstjustiz, Blutrache
- Voyeur der Society: Der Paparazzo von Porto Cervo
- 21 Seiten Service-Magazin mit ausgewählten Tipps & Informationen

Es folgen: Amsterdam, Istanbul, Die Loire

Zuletzt erschienen:

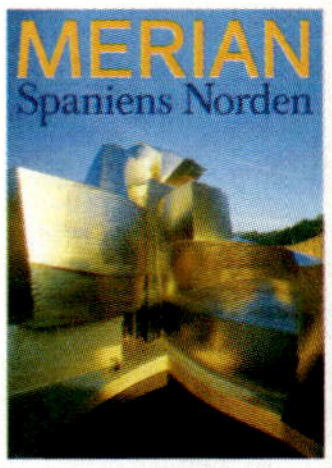

Februar 2002

Januar 2002

Dezember 2001

November 2001

Oktober 2001

September 2001